Jesteś wędrówką

PAULINA MŁYNARSKA

Jesteś wędrówką

Prószyński i S-ka

Copyright © Paulina Młynarska-Moritz, 2018

Projekt okładki
Paweł Panczakiewicz
www.panczakiewicz.pl

Zdjęcie na okładce
© LongQuattro/Shutterstock.com

Zdjęcie autorki
Tatiana Jachyra

Autorzy zdjęć w środku książki
Sandra Dąbrowska-Szlempo, Joanna Gorczyca Pasrija, Gary Greenwood, Robert Kupisz, Anna Majkutewicz, Dina Melnikova, Paulina Młynarska, Alicja Nauman, Paulina Sałacińska, Lidia Żak

Dokumentacja
Kaja Kieniewicz

Redaktor prowadzący
Michał Nalewski

Redakcja
Anna Płaskoń-Sokołowska

Korekta
Maciej Korbasiński

Łamanie
Alicja Rudnik

ISBN 978-83-8123-252-4

Warszawa 2018

Wydawca
Prószyński Media Sp. z o.o.
02-697 Warszawa, ul. Gintrowskiego 28
www.proszynski.pl

Druk i oprawa
Białostockie Zakłady Graficzne SA
15-111 Białystok, Al. 1000-lecia P.P. nr 2

*Wszystkim młodym i starym dziewczynom,
które są w podróży, oraz tym,
które o podróżowaniu dopiero marzą*

Szczęście jest decyzją

Najpiękniejsze piosenki,
Najważniejsze rozmowy,
Mądrych książek stos wielki,
Giewont rankiem stalowy.
Wschody słońca na plażach
I chłód dolin zachodnich,
Pustyń żółte ołtarze,
Twój po życiu przewodnik.

Podróże na wariata,
Noce na małych dworcach,
Kamienie na krańcach świata,
Ścieżki zielone w Gorcach.
Dobre wróżby na przyszłość
Z rąk czytane kojących,
Wędrówki twej niezawisłość
Pośród drzew wędrujących.

Greckie białe kamyki,
Wino ciemnoczerwone,
Koralików promyki
Pod koszulą znoszoną.
Przyjdzie dzień, gdy zrozumiesz
Z jasną myśli precyzją,

Że sama wędrować umiesz,
A szczęście jest decyzją.

Dziewczyna może przez świat iść całkiem sama,
Zerwij starej klątwy zimny lak,
Plecak zdążysz spakować do rana,
Bilet kup i ruszaj na szlak.

Mango

Dopóki nie wyruszymy w podróż, nie mamy pojęcia, jak wiele – w każdej sekundzie naszego życia – czytamy z najbliższego otoczenia. Jestem pewna, że gdyby uśpić człowieka i niepostrzeżenie przetransportować go na drugi koniec świata, ale do identycznego pokoju jak ten, w którym zasnął, po przebudzeniu błyskawicznie połapałby się, że jest w całkiem innymi miejscu.

Genialny sprzęt laboratoryjny, który mamy pod czaszką, i pracujące dla niego czujki zamontowane w skórze oraz niezliczone komórki węchowe, światłoczułe, ciepłoczułe i czułe na bodźce, o których istnieniu jeszcze nie wiemy, nieustannie zbierają z otoczenia informacje, poddają je analizie i natychmiast się nimi wymieniają, by dokonać kolejnych obliczeń.

Kiedy wynik mówi: Jesteś na znajomym terenie, można odetchnąć.

Każde opuszczenie własnej strefy komfortu[*] to stres. Każdy krok w nieznane jest kolejnym zwycięstwem, bowiem – jak zgodnie twierdzą psychologowie i przewodnicy duchowi – życie zaczyna się dopiero poza tą strefą.

To tam są rozwój, przygoda, akcja, miłość i wartki nurt życia, za którym wszyscy podświadomie tęsknimy. Wystarczy jednak odjechać kilka przystanków poza dzielnicę, po której swobodnie

---

[*] *The comfort zone* (ang.) – stan psychologiczny, w którym osoba czuje się bezpieczna pod każdym względem. Składają się na niego nawyki, znajome otoczenie i rutyna.

się poruszamy, albo wybrać na spacer po sąsiednim osiedlu i już nasz organizm zaczyna płatać figle. Pojawia się lekka dezorientacja, czasem irytacja i lęk. Co ja tu właściwie robię? Czy nic mi nie grozi? We krwi zaczynają krążyć hormony stresu, wzmagamy czujność, znika poczucie bezpieczeństwa. Ciśnienie wzrasta, a najstarsza część naszego mózgu odpala tryb „uciekaj albo walcz". Nie jest to miłe, zwłaszcza że nie ma z kim walczyć ani przed kim uciekać. Ten stan wzmożonej czujności wymaga ekstrawydatku energii, której niechętnie się pozbywamy.

Nie wiemy, że odruchowo broniąc się przed tym niewygodnym stanem ducha i ciała, odmawiamy sobie czegoś, co jest naszym prawdziwym przeznaczeniem: ROZWOJU. Poszerzenia horyzontów, otwarcia na nowe idee i cele, które mogą zmienić nasze życie – być może na lepsze. Odmawiamy sobie spotkań z inspirującymi ludźmi i wysłuchania ich opowieści, zachwytu nad różnorodnością i potęgą przyrody – słowem odmawiamy sobie pełni.

Brian Tracy, jeden z najskuteczniejszych współczesnych mówców motywacyjnych, powiada: „Możesz wzrastać, tylko jeśli jesteś gotów czuć się dziwnie i niekomfortowo, próbując czegoś zupełnie dla ciebie nowego"*.

Poczucie lęku przed nowym, obcym otoczeniem jest naszym pierwszym doświadczeniem po opuszczeniu łona matki. I będzie ostatnim, zanim wyruszymy w nieznane, żegnając ten najdziwniejszy ze światów. Mój mistrz i mentor – L., jogin ze Sri Lanki – powiada, że tylko ten, kto żył pełnią, będzie mógł pełnią umrzeć. Będzie wiedział, że pożył na całego, i spokojnie, bez paniki się odmelduje.

Właśnie dlatego namawiam cię do podróżowania. Nie do wyjazdu na urlop, choć i to bywa potrzebne, nie do wzięcia udziału w zorganizowanej wycieczce, choć i taka może być fajnym doświadczeniem, ale do Podróżowania. Przez duże „P".

---

* http://www.mojamotywacja.eu/brian-tracy.html

Ten, kto radzi sobie w podróżach, łatwiej akceptuje zmiany, które niesie życie; polega na sobie i ufa, że odnajdzie się w każdej sytuacji.

Każdy z nas na swój sposób jest dzieckiem drogi, a każda z wędrówek na zawsze zapisuje się w ludzkim DNA. Współcześni naukowcy są w stanie opisać na jego podstawie trasę, jaką pokonali nasi przodkowie wiele pokoleń wstecz. To uczy pokory i zachęca do poznawania nowych terytoriów. Wszak wiele z nich to nasze nieuświadomione ojczyzny.

Ćwiczenie

Zapytaj swoich rodziców i dziadków, skąd dokładnie przybyli oraz jak i dlaczego dotarli w miejsce twoich narodzin. Może uda ci się cofnąć jeszcze dalej. Zrób listę miejscowości oraz krajów, o których od nich usłyszysz, i poświęć chwilę, by poczytać o nich, choćby w Wikipedii. Popatrz na zdjęcia tych miejsc dostępne w internecie i postaraj się dowiedzieć, jakie życie wiedli twoi przodkowie gdzieś tam, daleko. A może całkiem blisko – kto wie? A teraz przestudiuj trasę własnej wędrówki. Zanotuj miejsca, w których przyszło ci się zatrzymać, przypomnij sobie siebie z tamtych chwil. Jeśli możesz, sięgnij po zdjęcia. Zobacz swoje życie, jakby było filmem drogi. Ile razy trzeba było się przystosować do nowych warunków? Co ci w tym pomogło? Jak długo trwał okres adaptacji? Zanotuj swoje spostrzeżenia.

Niektóre z wędrówek twojej rodziny mogły być związane z wojenną traumą, wypędzeniem i utratą gruntu pod nogami. Inne miały u źródła potrzebę życiowej zmiany albo zaistniały jako konieczność – edukacyjna lub ekonomiczna. W każdym przypadku czas wędrowania wyrył głęboki ślad w historii twojej i twoich bliskich.

Kto raz wyraźnie zobaczy, że bycie „swojakiem", a nie „obcym", jest czystą iluzją, wytworem naszej psychiki, ego nieustannie dążącego do możliwie największego komfortu, uwolni się od znacznej części lęku przed podróżowaniem. Nie mówię tu oczywiście o takich problemach, jak strach przed lataniem samolotem czy fobia społeczna, które wymagają poważnego potraktowania i specjalistycznej terapii. Chodzi mi o postawę otwartości, która z zasady wyklucza wszelki rasizm, niechęć do „innego", poczucie niczym nieuzasadnionej wyższości – czy przeciwnie: niższości – w stosunku do pozostałych mieszkańców Ziemi, kimkolwiek by byli i jakkolwiek by żyli.

To nie znaczy, że namawiam cię do brawury, zaniedbania elementarnych zasad bezpieczeństwa, pięknoduchostwa i bimbania sobie na zagrożenia wynikające z różnic kulturowych. One istnieją, więc trzeba zachować czujność i rozsądek.

Chyba nie skłamię, twierdząc, że pytanie najczęściej zadawane podróżniczkom (podróżnikom już niekoniecznie) wcale nie brzmi: „Jak było?", ale „Czy się nie bałaś?". Niestety.

Dla wielu kobiet sama myśl o opuszczeniu znajomej, bezpiecznej strefy codziennych działań jest paraliżująca. To spadek po naszych prababkach, które praktycznie nie ruszały się z domów i nie miały realnego wpływu na swoje życie.

Od tysięcy lat kobietom wmawia się, że świat, który je otacza, jest niebezpieczny niczym pole minowe. Nieliczne z nas, które odważyły się powiedzieć: „sprawdzam", zerwały się ze smyczy i zaczęły żyć po swojemu, przez lata były piętnowane i obśmiewane jako „latawice", „puszczalskie" i „łajzy".

Odkąd udowodniono istnienie pamięci genetycznej, możemy śmiało powiedzieć, że my, kobiety, lęk przed ruszeniem w nieznane mamy po prostu we krwi. Nie miejsce to jednak i czas na omawianie głębokich przyczyn tego stanu rzeczy. Dość stwierdzić, że ktoś miał intratny interes w tym, by przez wieki trzymać nas w ciemnych kuchniach i nudnych salonach – bez dostępu do edukacji i prawa do swobodnego przemieszczania się po świecie. Osobiście jestem zwolenniczką najprostszego wyjaśnienia tej sytuacji:

ów ktoś, kto systemowo zabronił kobietom oddalać się od domu, najzwyczajniej obawiał się, że jego baba wróci z brzuchem, w którym będzie się wierciło dziecko konkurenta.

Oczywiście dorobiono do tego skomplikowaną filozofię, zapisaną w tysiącach mądrych ksiąg rozmaitych religii i sekt, jednak moim zdaniem pierwotna motywacja jest dokładnie taka. Nic dodać, nic ująć.

Czasy, kiedy światem rządziły wyłącznie męskie lęki i obsesje, szczęśliwie mamy już za sobą, przynajmniej w kręgu zachodniej cywilizacji. Teraz czas zrobić porządek w emocjach i raz na zawsze pozbyć się złogów myślowych, które już od dawna nas nie dotyczą.

Najgorsze, że często nawet nie dostrzegamy niedorzeczności trawiących nas lęków. Podróżowanie jest zmianą, a my tak bardzo boimy się zmian, że nawet mając środki, chęci, czas i możliwości, nie wyściubiamy nosa za próg. Ta smutna zasada dotyczy nie tylko wyjazdów, dalszych czy bliższych, ale i poważnych życiowych decyzji, takich jak rozstanie z partnerem, zmiana pracy albo miejsca zamieszkania.

Boimy się, ponieważ wmówiono nam, że jesteśmy nieporadne, niezaradne, słabe i w ogóle takie jakieś... pogubione. Co ciekawe, nie przeszkadza to nam w zajmowaniu się absolutnie najważniejszymi życiowymi sprawami, takimi jak dawanie i podtrzymywanie życia, opieka nad najsłabszymi, organizacja domu przy jednoczesnym wykonywaniu obowiązków zawodowych. To absurd, ale zachowujemy się tak, jakbyśmy nie potrafiły powiązać rzeczywistości z własnymi przekonaniami na swój temat.

Spotkałam w życiu dziesiątki pozornie samodzielnych, pracujących, mądrych kobiet, które tkwią w toksycznych związkach, beznadziejnych miejscach pracy albo układach towarzyskich, ponieważ, jak twierdzą, „coś je powstrzymuje" przed rzuceniem tego w pierony i pójściem własną drogą. Czekają, czekają i wciąż nie mogą doczekać się tego magicznego momentu, w którym lęk ustąpi.

Susan Jeffers, autorka jednej z najbardziej uzdrowicielskich książek świata pt. *Mimo lęku**, twierdzi, że takie myślenie to ślepa uliczka – a to z tego prostego powodu, że ów cholerny lęk niestety... nie zniknie NIGDY. Nie licz na to, kochaniutka. *No way! Never, my dear!*
Nigdy nie będziesz tak naprawdę gotowa na swój wielki skok w nieznane. Ani jeśli schudniesz, ani kiedy się „pozbierasz", ani gdy się „weźmiesz za siebie", zaczniesz terapię, skończysz terapię, rzucisz fajki, zaczniesz studia, skończysz studia, wyjdziesz za mąż, rozwiedziesz się, urodzisz, odchowasz, spłacisz, załatwisz. Niepotrzebne skreślić.
Jeffers przekonuje, że jedyny sposób, by wyjść z paraliżu decyzyjnego, to działać POMIMO. Bać się, dygotać, ale iść w to! Innej drogi nie ma.

Podczas jednej z moich podróży spotkałam kobietę imieniem Sasha, która zawodowo zajmuje się pomaganiem ludziom dotkniętym traumą pourazową. Los postawił ją na mojej drodze, akurat kiedy bardzo tego potrzebowałam. Oto bowiem, siedząc na pustej plaży przed swoim hotelem na Sri Lance, zostałam napadnięta przez młodego chłopaka, któremu strzeliło do pustego łba, że może sobie bez pytania, tak „freestylowo" pomacać moje cycki! Narobiłam potwornego wrzasku i dygocząc, wparowałam na hotelowy taras. Wezwano miejscową policję, podano mi porządnego kielicha, a Sasha usiadła naprzeciw mnie, mówiąc, że nie powinnam powstrzymywać drżenia. „Ciało musi się wytrząść", stwierdziła. To naturalny stan, w którym uwalniamy się od napięcia wywołanego stresem. „Trzęś się, dziewczyno, ale działaj!". Ciągle to powtarzała.
Co było robić? Drżącą ręką spisałam zeznanie, w pełnej telepce udałam się z policją i całą gromadą „lokalsów" na poszukiwanie sprawcy, aż w końcu, wciąż w charakterze galarety, wskazałam dom, z którego wyszedł ów napalony młodzian.

* S. Jeffers, *Mimo lęku*, Warszawa 2015.

Na drugi dzień starsi mieszkańcy wioski przyszli do mnie z pytaniem, czy zgadzam się, aby to oni, a nie aparat sprawiedliwości, wymierzyli chłopcu karę. Przekonywali, że jeżeli trafi do więzienia, jego młode życie będzie zrujnowane, jednak ostateczna decyzja należała do mnie. O ile w dniu zdarzenia – wściekła i upokorzona – fantazjowałam o tym, jak wyprowadzają zboczeńca w kajdankach i zamykają w kiciu na czas bliżej nieokreślony, o tyle dobę później znów byłam sobą – dorosłą kobietą, matką, która rozumie drugą matkę. Perspektywa zapuszkowania w azjatyckim więzieniu nastoletniego syna, który przez swój kretyński wybryk ukończy przyspieszony kurs przestępczości, jakim zawsze i na całym świecie jest pobyt w więzieniu, dla mnie też byłaby nie do zniesienia. Przychyliłam się więc do prośby rodziny chłopaka – i tu padła propozycja, której nie przewidziałam. Plan zakładał bowiem nie tylko przepisowe ojcowskie „bęcki", ale i wizytę u mnie z solennymi przeprosinami! I znów dopadła mnie trzęsionka. Ręce zaczęły mi latać we wszystkich kierunkach, a do oczu napłynęły łzy. Sasha, która przez cały czas obserwowała znad swojego stolika w hotelowej restauracji, co się dzieje, podeszła i szepnęła mi do ucha: „Trzęś się, ale zrób to. Spójrz mu w oczy!".

Przyjęcie przeprosin tego chłopca było dla mnie niesamowicie ważnym przeżyciem. Mam nadzieję, że i on czegoś się nauczył. Dostrzegłam też ogromną ulgę w oczach jego rodziców, bardzo przejętych zdarzeniem. Tego dnia poczułam, że naprawdę jestem silna.

Ta historia wymaga komentarza. Gdyby sprawcą nie był nastoletni syn sąsiadów moich gospodarzy, gdybym nie widziała ogromnego poruszenia na ich twarzach, zaangażowania ze strony wszystkich ludzi zgromadzonych wokół mnie, nie miałabym wątpliwości, że w życie musi wkroczyć wymiar sprawiedliwości. I jeszcze jedno: to, co przytrafiło mi się daleko od domu, mogło się zdarzyć wszędzie – w warszawskim tramwaju, w parku albo na imprezie. Niestety – jak świat długi i szeroki kobiety są ofiarami molestowania, a Polska zajmuje pod tym względem jedno z czołowych miejsc. 87% Polek doświadczyło jakiejś formy molestowania, a co czwarta padła ofiarą gwałtu. Nie ma więc mowy o tym, abym przestała podróżować ze strachu przed facetami. Nie pierwszy to i nie ostatni raz, kiedy znalazłam się w niebezpieczeństwie. Nie będę siedzieć pod kloszem i tobie też tego nie radzę. Nie jesteś gerberą, żeby kwitnąć pod szkłem albo ozdabiać wazon na czyimś stole. Zostałaś stworzona, aby wyrosnąć na odporne, mocne, stale odradzające się drzewo. Jeżeli tylko sobie na to pozwolisz, wytworzysz korę, kolce, kwiaty i dające cień liście. A potem zaczniesz rodzić owoce.

L., mój wspomniany nauczyciel jogi na Sri Lance, kiedyś po sesji zabrał całą grupę do swojego ogrodu, gdzie wyhodował urodzajne drzewko mangowca, i powiedział: „Z pracą nad sobą jest jak z tym drzewkiem. Jeśli troskliwie zasadzisz pestkę i będziesz ją regularnie podlewała, kiedyś zobaczysz owoce. A wówczas nie będziesz musiała już nikogo prosić, aby cię nakarmił albo dał ci chwilę wytchnienia w swoim cieniu. Staniesz się niezależna i niepodległa, bo będziesz samowystarczalna".

Długo siedziałam potem na plaży, obracając w palcach wilgotną, włochatą pestkę mango. Jakie to proste! Dbasz o swoje ciało, ćwicząc i starając się zdrowo odżywiać – podlewasz. Oddalasz perspektywę zależności od lekarzy i konieczności wydawania oszczędności na drogie terapie. Dbasz o umysł, czyli uczysz się, rozwijasz, medytujesz – podlewasz! Im jesteś spokojniejsza, im więcej czytasz, analizujesz, badasz, rozmawiasz z mądrymi ludźmi i słuchasz ze zrozumieniem, tym trafniejsze wnioski wyciągasz i tym lepsze rozwiązania znajdujesz dla swoich życiowych problemów. Pracujesz, zarabiasz pieniądze – znowu podlewasz! Stajesz się niezależna finansowo – jesz owoce z własnego drzewa. Nie musisz o nie prosić, kraść, wyłudzać podstępem ani kupować za bezcen. Decydujesz o swoim życiu. Podróżujesz

– podlewasz drzewko, ponieważ poszerzasz horyzonty, poznajesz inspirujących ludzi, oglądasz świat własnymi oczami i tworzysz jego własny obraz. Już nie tak łatwo będzie ci wcisnąć kit, nie kupisz każdego zmanipulowanego newsa. Stajesz się kimś, kto ma własne zdanie – a także charyzmę i autorytet. Słowem: nie pękasz z byle powodu.

Jest takie stare indiańskie przysłowie: „Pogrzebali nas, ale nie wiedzieli, że jesteśmy nasionami!". Pasuje jak ulał do tej opowieści, nie uważasz? Nigdy nie jest za późno, by posadzić drzewko mangowca w swoim wewnętrznym ogrodzie.

Każde kolejne wyjście z kokonu uczy nas, że póki życie trwa, jakoś sobie radzimy. To klucz. Nikt nam nie zagwarantuje, że wszystko pójdzie zgodnie z planem, nikt nie obieca, że nie będziemy żałować, ani nie wystawi certyfikatu pełnego bezpieczeństwa. Jedyne, czym dysponujemy, to nasze przekonanie, że mamy wystarczające kompetencje, inteligencję i moc zjednywania sobie ludzi, którzy pomogą nam w opresji.

Zaręczam, że nie ma to nic wspólnego ze stanem materialnej zamożności. Przeciwnie! Prawdziwie samodzielne, silne, podróżujące kobiety w większości nie mieszkają w luksusowych apartamentach, nie jeżdżą drogimi autami i nie stroją się w markowe ciuchy. Wiele z nich tak mocno postawiło w życiu na podróżowanie, że ograniczyły pracę zarobkową do koniecznego minimum, byle tylko starczyło na bilet w dalekie strony, na życie gdzieś tam za grosze.

Wracałam kiedyś z zakupów w galerii handlowej z pewną bardzo forsiastą znajomą, bizneswoman pełną gębą. Niewiele tego dnia kupiłam, bo mam w życiu taką zasadę, że kto ma ciuchy, ten nie ma na podróże (o trikach na podróżnicze fundusze napiszę nieco dalej). Koleżanka kupiła kilka przepięknych zestawów markowych ubrań, do tego buty oraz dodatki. Wyczerpana, rzuciła wielkie torby na tylną kanapę swego luksusowego samochodu, odpalając silnik ze słowami: „Boże, jak ja ci zazdroszczę, że znów lecisz do Australii! Marzę o podróżach! Ale na razie mnie nie stać...".

Zerknęłam przez ramię na piętrzące się z tyłu torby, w których kryła się równowartość nie jednego, ale dwóch lub trzech zamorskich wypadów z plecakiem. Nie pieniądze były tu ograniczeniem, a przekonanie mojej znajomej, że sama nie da rady. Nie uspokajał jej ani fakt posiadania złotej karty kredytowej, ani możliwość zatrzymania się w najbardziej luksusowych hotelach, dysponujących świetnie wyszkoloną ochroną. Nie pomagała świadomość, że przy swoich zarobkach mogłaby sobie zafundować osobistego bodyguarda. Myśl o opuszczeniu strefy bezpieczeństwa powodowała u niej tak ogromny dyskomfort, że nawet nie rozważała takiej możliwości. Wszystko zaczyna się w naszych głowach – to banał, ale chyba całkiem na miejscu. Patriarchalna kultura zryła nam berety, robiąc z nas bezwolne, wiecznie przerażone lale. Jeżeli chcemy podróżować, musimy to odkręcić. Warto to zrobić, bo życie jest jedno, a planeta, na której żyjemy – niesamowicie piękna, różnorodna i pełna tajemnic wartych zgłębienia. Szkoda byłoby powiedzieć sobie przed śmiercią, że było się cykorią i zaprzepaściło się szansę na zobaczenie prawdziwych cudów. A cuda istnieją! W podróży, jeśli tylko będziemy mieć otwarte oczy, uszy i serca, doświadczymy ich na każdym kroku.

Wędrujące drzewo

Tego popołudnia, siedząc bezczynnie na niewielkim dworcu autobusowym gdzieś w katalońskich Pirenejach, byłam szczęśliwa, że jestem dokładnie w tym miejscu. Że w piekarni na rogu mają pyszny chleb, który można skubać, popijając ciepłym, wygrzanym w plecaku piwem, że powietrze nad górami tak niesamowicie faluje, a w ogóle to warto chwilę się zdrzemnąć.

– Może się prześpimy, zanim przyjedzie autobus? – Próbowałam jakoś umilić ten stan, wolny od wszelkich oczekiwań, podróżującej ze mną kochanej B., ale ona tylko patrzyła na mnie udręczonym wzrokiem, czerwona na twarzy od upału i zniecierpliwienia.

Mnie kręciła podróż sama w sobie, B. chciała DOJECHAĆ. Z najwyższym trudem ukrywała rozdrażnienie i – jak sama przyznała – marzyła tylko o tym, by znaleźć się wreszcie w klimatyzowanym hotelu i wypić zimnego drinka. Znam to uczucie. Doskonale pamiętam, jak sama żyłam w rytmie „od stacji do stacji", uważając to, co się dzieje w międzyczasie, za... stratę czasu. Uciążliwą, bo wypełnioną czekaniem. Przy czym warto odnotować, że owo cholerne czekanie stanowi gros czasu przeznaczonego na... życie. Nic, tylko czekanie. Aż się ułoży, aż dojedzie, odjedzie, się wyjaśni, się okaże, się uda.

Dzisiaj wiem, że nie da się naprawdę żyć, czekając, aż zacznie się to nasze „prawdziwe wspaniałe życie". To po prostu tak nie działa. Niełatwo oddać słowami emocje, które towarzyszą chwili, gdy w mózgu przeskakuje tajemnicza zapadka – i już nie czekasz. Jaka ulga!

Jesteś tu i teraz – przytomna i zaangażowana w chwilę, która trwa.

Ludzie różnie opisują ten stan przebudzenia w teraźniejszości. Ja mam wrażenie, że od tej chwili czas stał się dla mnie gęsty, oleisty, możliwy do utrzymania w zagłębieniu dłoni, posmakowania językiem, może nawet do rozsmarowania na skórze. Wiem, jak to brzmi, jednak nie potrafię inaczej tego opisać.

Do umiejętności bycia tu i teraz można dojść na drodze medytacji, jogi, technik mindfulness* lub rozmaitych ćwiczeń związanych z koncentracją uwagi – często jednak zajmuje to całe lata i wymaga ogromnego wysiłku.

Nie mam pojęcia, czemu zawdzięczam fakt, że ten stan pojawił się u mnie spontanicznie – bez żadnego udziału mojej woli – pewnego dnia na dworcu w Mumbaju** i trwale zaistniał.

Lubię wierzyć w to, co powiedział mi kiedyś pewien wróżbita pod wielką złotą stupą*** w Rangunie, stolicy Myanmaru****: *Your way is fast way, lady, very fast!*

Było tak: pociągi przyjeżdżały i odjeżdżały, a życie na peronie toczyło się, jakby fakt, że jesteśmy na dworcu, nie miał większego znaczenia. Banda potarganych bezdomnych podrostków, przekomarzając się i popychając, biegała w tę i z powrotem

---

* Ang. *mindfulness*, czyli uważność, uważna obecność lub też pełnia obecności osiągana na drodze świeckiego treningu medytacyjnego.
** Mumbaj – dawniej Bombaj.
*** Przypominająca kształtem dzwon budowla buddyjska wywodząca się z Indii, pełniąca funkcję relikwiarza. Ze względu na architekturę jest niezwykle odporna na trzęsienia ziemi. Na terenie Sri Lanki ten typ budowli nosi nazwę *dagoby*, w Tajlandii – *czedi*, w Indonezji – *candi*, w Bhutanie, Nepalu i Tybecie – *czortenu*, w Mongolii – *suburganu*. Buddyjska stupa symbolizuje oświecony stan Buddy.
**** Myanmar – dawniej Yangon, stolica Birmy.

w poszukiwaniu plastikowych butelek i innych śmieci, które – skrupulatnie posortowane – trafiały do wielkich worków, a potem zapewne do skupu. Rodziny biesiadowały w kucki bezpośrednio na betonie, wygładzonym do połysku. Na kawałkach kolorowej tkaniny lub gazetach panoszyły się przenośne kuchenki naftowe, blaszane talerze, miseczki, deski do krojenia i ostre noże – cały kuchenny dobytek zabrany z domu. Po jednej stronie mężczyźni i tłuści chłopcy, po drugiej – chudziutkie dziewczynki, ich matki i maleńkie, siwe babcie, czekające cierpliwie na swoją kolej i dojadające resztki. Poza Keralą to w Indiach widok powszechnie spotykany.

Handlarze krzykliwie zachwalali swoje towary. Grubi faceci z czuprynami ufarbowanymi jaskrawoczerwoną henną dyskutowali żywiołowo. Młodzieńcy niepokojąco gapili się na mnie z odległości kilkunastu centymetrów, wlepiali mi nos prosto w szeroko otwarte oczy, kołysząc głowami na boki w jedyny w swoim rodzaju, niespotykany w innych częściach świata sposób.

Co jakiś czas któryś z nich strzykał pod nogi śliną wymieszaną z czerwonym sokiem betelu* przez zęby, zniszczone od nieustannego żucia tej paskudnej używki.

Chyba tylko ja jedna naprawdę czekałam na ten pociąg. Wszyscy wokół jakby tańczyli swój taniec: jedli, bawili się, kłócili

---

* Betel – rodzaj używki, popularnej w krajach Dalekiego Wschodu (głównie Malezja, Madagaskar, południowa Azja) oraz społeczności emigracyjnej w Afryce, Europie i Ameryce Północnej. Betelu używa obecnie ok. 10–20% populacji, co sprawia, że jest on czwartą najbardziej popularną używką na świecie – za kofeiną, nikotyną i alkoholem. Głównym składnikiem betelu są liście pieprzu żuwnego. Poza nimi w jego skład wchodzą: nasiona palmy areki, mleko wapienne lub pokruszone muszle małży oraz inne dodatki, których różnorodność, jak i proporcje poszczególnych składników są dobierane i modyfikowane w zależności od kraju. Popularnymi dodatkami są: goździki, kardamon, gałka muszkatołowa, anyż, kokos, cukier, syropy, wyciągi z owoców, które dodaje się w celu poprawienia smaku. Betel ma działanie orzeźwiające, lekko podniecające i lecznicze – zabija pasożyty i odkaża przewód pokarmowy. Ubocznym skutkiem zażywania betelu jest barwienie zębów na czarno, a śliny na czerwono. W Indiach betel jest używany w połączeniu z tytoniem.

i rozmawiali. A ja czułam, że tracę czas. Chciałam już wsiąść i odjechać, a właściwie DOJECHAĆ. No ileż można, do ciężkiej cholery, czekać? Jeśli cała ta podróż ma polegać na nieustannym wysiadywaniu na stacjach, przystankach, lotniskach i postojach, to ja bardzo dziękuję! Nadęłam się pod czerwoną chustą, którą nosiłam jak hidżab, co pozwalało mi uniknąć dodatkowej porcji wgapiania się – tym razem w moje jasne włosy. Siedziałam w jej cieniu, niczym przyczajona pod liściem ropucha, i w myślach toczyłam jad, który sekunda po sekundzie zatruwał moje tu i teraz. A przecież miało ono być pełną atrakcji przygodą, a nie jakąś pieprzoną, niekończącą się stratą czasu!

Nie umiałam się cieszyć chwilą obecną, a jedyny gest, na jaki było mnie stać, to opędzanie się od każdej mijającej sekundy, jakby była natrętną muchą. No ile jeszcze? Ile jeszcze? Która jest? Co jest? O której, przy takim opóźnieniu, dojedziemy na miejsce?, mantrowałam ze złością. Dodam, że absolutnie nigdzie się nie spieszyliśmy, z nikim nie byliśmy umówieni i w ogóle nie było powodu do niepokoju.

Tymczasem mój towarzysz podróży – S., Australijczyk, dużo bardziej doświadczony w wędrowaniu dla samego wędrowania – bawił się doskonale. Gadał na migi do nastolatków zbierających śmieci, zaśmiewał się ze staruszkami, penetrował zakamarki ogromnego dworca, chrupał gorące prażone orzechy, rozdawał dzieciakom cukierki (zawsze miał ich pełne kieszenie), robił zdjęcia i mimo grzywy siwych włosów i pięćdziesiątki na karku wyglądał i poruszał się jak szczeniak, który wszystko widzi po raz pierwszy w życiu, wszystkiego chce dotknąć, powąchać, spróbować.

Siedziałam w kucki – zdegustowana, znudzona i obrażona na cały subkontynent indyjski. Kiedy byłam już u kresu wytrzymałości, nadjechał nasz długo oczekiwany pociąg (moim zdaniem stanowczo za długo!). Stalowe monstrum w kolorze będącym mieszaniną kobaltu, złota i indygo – co wprawiło mnie w takie osłupienie i zachwyt, że aż dostałam czkawki.

Indie są ojczyzną kolorów. Nigdzie na świecie barwy nie występują w takim natężeniu, przemieszaniu, połączeniach i wersjach. Ludzie biesiadujący na peronie poderwali się ze swoich miejsc. Zwiewne sari kobiet, uwijających się przy sprzątaniu naczyń z podłogi, zawirowały, migocząc tysiącami barw. Gdzieś obok mnie rozsypały się pomarańczowe kwiaty, niesione przez kogoś na głowie w wielkim koszu. A wszystko to stało się w jednej chwili, jakby zawieszonej w czasoprzestrzeni. Przetarłam oczy, zakręciło mi się w głowie. Brązowa, opalona dłoń S. poderwała leżący obok mnie plecak, a ja poczułam, że to już zupełnie nieistotne, o której, dokąd i jak dojedziemy. Irytacja ustąpiła jak ręką odjął. Pojęłam, że bez czekania nie byłoby tej niesamowitej chwili, porażającej energią i pięknem. Że czekanie jest jej immanentną częścią, jak mój oddech, jak dłoń S., światło przezierające przez belkowanie stropu, godzina wskazywana na wielkim dworcowym zegarze, kolor tego pociągu. Pojęłam, że ta fantastyczna chwila należy do mojego życia i nie wolno mi jej zmarnować. Ani jej, ani czekania, które ją poprzedzało.

Kilka lat później, kiedy miałam już za sobą egzamin nauczycielski z jogi i utrwaloną praktykę, zrozumiałam, że właśnie wtedy spontanicznie udało mi się przemieścić z poziomu głowy do poziomu serca. Sercem jogini często nazywają tę część nas, która jest ponad nasze małe, codzienne sprawy. Można to też nazwać duszą, jeśli ktoś chce. Mamy więc ego – rezydujące w głowie, uwarunkowane, wiecznie nienażarte, wiecznie chcące czegoś innego, a ponad wszystko stawiające nam nieustannie warunek typu: Kiedy zdarzy się to i to, będziesz mieć to i to. Wtedy będziesz szczęśliwa! Słuchając ego, gnamy więc za różnymi sprawami, wchodzimy w konflikty, ulegamy zmiennym nastrojom, słowem: jesteśmy nieustannie wyczulone na to, co się dzieje na zewnątrz nas. A skoro tak, to często czujemy frustrację i złość. To wyzwala reakcje w ciele – nadnercza zaczynają produkować hormony stresu. Aby sobie ulżyć, szukamy więc przyjemności, które z kolei wpływają na system nagrody w mózgu. Jest chwilowa ulga. Uff. Na krótko, bo jak każdy shot, po jakimś czasie zastrzyk z endorfin przestaje działać. Wtedy ego zaczyna szukać czegoś nowego, ale po drodze są trudności, więc się denerwujemy – i tak w kółko, do upojenia. A właściwie do czasu, aż zaczynamy chorować. Byciem „w sercu" joga nazywa nawiązanie kontaktu z tą częścią nas, która nie jest podatna na ciągłą stymulację. Z tą częścią, której do szczęścia wystarczy sam fakt istnienia. Cisza, bliskość drugiego człowieka – bez oceniania go i porównywania, bez wymagań i oczekiwań (to rozrywki ego), kontakt z przyrodą – po prostu bycie. Ego bardzo się boi tych chwil trzeźwości, kiedy łapiemy kontakt z faktem, że nie musimy mieć racji, nie potrzebujemy drogich rzeczy ani superwyglądu, żeby czuć się dobrze. Jest dobrze, bo tu jestem. Ego robi co w jego mocy, aby nakręcać w nas frustrację i coraz to nowe potrzeby. Warto się nauczyć je ujarzmiać, bowiem, jak czytamy w *Dezyderatach* Maksa Ehrmanna: „Jesteś dzieckiem wszechświata, nie mniej niż drzewa i gwiazdy. Masz prawo być tutaj"*. Wystarczy, że jesteś. Ciesz się. A skoro już wspomniałam o *Dezyderatach*, muszę przytoczyć ich piękny tekst**:

Przechodź spokojnie przez hałas i pośpiech i pamiętaj, jaki spokój można znaleźć w ciszy. O ile to możliwe, bez wyrzekania się siebie, bądź na dobrej stopie ze wszystkimi. Wypowiadaj swą prawdę jasno i spokojnie i wysłuchaj innych, nawet tępych i nieświadomych, oni też mają swoją opowieść. Unikaj głośnych i napastliwych, są udręką ducha. Porównując się z innymi, możesz stać się próżny i zgorzkniały, zawsze bowiem znajdziesz lepszych i gorszych od siebie.

Niech twoje osiągnięcia, zarówno jak i plany, będą dla ciebie źródłem radości. Wykonuj z sercem swą pracę, jakakolwiek byłaby skromna, ją jedynie posiadasz w zmiennych kolejach losu.

---

* Polskie tłumaczenie *Dezyderatów* w przekładzie Andrzeja Jakubowicza ukazało się w książce Kazimierza Jankowskiego *Hipisi w poszukiwaniu ziemi obiecanej* (Warszawa 1972).
** *Dezyderaty* były wykonywane w Piwnicy pod Baranami jako tekst nieznanego autora, znaleziony w starym kościele w Baltimore.

Bądź ostrożny w interesach, na świecie bowiem pełno oszustwa, niech ci to jednak nie zasłoni prawdziwej cnoty. Wielu ludzi dąży do wzniosłych ideałów i wszędzie życie jest pełne heroizmu. Bądź sobą, zwłaszcza nie udawaj uczucia ani też nie podchodź cynicznie do miłości, albowiem wobec oschłości i rozczarowań ona jest wieczna jak trawa.

Przyjmij spokojnie, co ci lata doradzają, z wdziękiem wyrzekając się spraw młodości. Rozwijaj siłę ducha, aby mogła cię osłonić w nagłym nieszczęściu. Nie dręcz się tworami wyobraźni. Wiele obaw rodzi się ze znużenia i samotności.

Obok zdrowej dyscypliny bądź dla siebie łagodny. Jesteś dzieckiem wszechświata nie mniej niż drzewa i gwiazdy. Masz prawo być tutaj. I czy to jest dla ciebie jasne czy nie, wszechświat jest bez wątpienia na dobrej drodze. Tak więc żyj w zgodzie z Bogiem, czymkolwiek się trudnisz i jakiekolwiek są twoje pragnienia. W zgiełku i pomieszaniu życia zachowaj spokój ze swą duszą. Przy całej złudności i znoju, i rozwianych marzeniach jest to piękny świat. Bądź radosny. Dąż do szczęścia.

Jak to się robi? Po pierwsze można zacząć obserwować swoje myśli, ten nieustanny kołowrót, stawiając się w roli świadka. Nie z pozycji kartezjańskiego „Myślę, więc jestem", ale „Jestem świadkiem tego, co nieustannie produkuje mój umysł, jednak nie jestem moimi myślami". To już jest wstęp do medytacji. A medytacja to nic innego jak świadome nawiązywanie kontaktu ze swoją wewnętrzną ciszą. Joga, według definicji Patandżialego*, legendarnego autora *Jogasutr*, jest ustaniem fluktuacji umysłu. Ego jest jedną z tych fluktuacji. Serce kocha tu i teraz.

---

* Patandżali – indyjski filozof z ok. II w. p.n.e., jogin, gramatyk sanskrytu, autor jednego z najważniejszych traktatów na temat jogi, jakim są *Jogasutry* (*Yogasūtra*), a także prawdopodobnie *Mahābhāṣyi*, wielkiego komentarza do gramatyki Paniniego *Aṣṭādhyāyī*. Hinduska tradycja uważa go za inkarnację Śeszy i przypisuje mu dzieło zapoczątkowania systemu jogi.

Kocha życie takie, jakim jest. Kocha bezwarunkowo. W sercu można powziąć decyzję o szczęściu jako postawie wobec własnego istnienia, nawet w sytuacjach bardzo trudnych i dramatycznych. Ego oczywiście będzie walczyć i wracać do stawiania warunków. Ale kiedy sobie uświadomimy, że jesteśmy czymś znacznie więcej i stać nas na więcej niż nasze egotyczne gierki, ta walka staje się dla niego z góry przegrana.

Od tamtej pory przejechałam, przepłynęłam i przeleciałam setki tysięcy kilometrów. Nieważne, czy jechałam tramwajem do kina w Warszawie, własnym autem, zakopianką do Kościeliska, busem z ekipą na zdjęcia do programu, taksówką w Nowym Jorku albo w Atenach, metrem w Paryżu czy na pace ciężarówki w Laosie – czas spędzony w drodze już nigdy nie miał być dla mnie stracony. I wiem, że nigdy nie będzie. W tej jednej, magicznej chwili uwolniłam się od choroby, która toczyła mnie od niepamiętnych czasów: od czekania „AŻ". Aż wreszcie nastąpi wielki (choć dokładnie nie wiadomo jaki) przełom, aż się zacznie, się skończy, dojedzie, odjedzie, przyjedzie itd., itp. – w nieskończoność, w wieczne niedoczekanie, na świętego nigdy.

Ćwiczenie

Zaobserwuj, co się z tobą dzieje, kiedy czekasz na przystanku, w poczekalni u lekarza albo w pracy przed zebraniem. Czy natychmiast musisz zająć czymś głowę? Zaczynasz sprawdzać maile, Facebooka albo kursy walut? Czytasz gazetę? Rozkład jazdy? Niepokoisz się? Denerwujesz się, że tracisz swój cenny czas? A teraz spróbuj przeżyć tę chwilę na zupełnym luzie. Przywołaj na twarz uśmiech, zacznij głęboko, przyjemnie oddychać i zaobserwuj, co się dzieje dookoła. Kim są ludzie, którzy cię otaczają? Jaka jest pogoda? A twój nastrój? Postaraj się dostrzec jak najwięcej szczegółów sytuacji, w której się znajdujesz.

Nie myśl o tym, na co czekasz – postaraj się być częścią chwili, która trwa. A teraz skieruj uwagę do własnego wnętrza. Jak się czujesz? Czy coś cię boli? Niepokoi? Denerwuje? Jest ci zimno? A może zbyt gorąco? Postaraj się zaangażować wszystkie zmysły i... po prostu bądź. Nastaw się na poczucie, że właśnie ta chwila jest ważna, jedyna w swoim rodzaju. Skoro ją przeżywasz, współtworzysz ją – wraz ze wszystkimi niedogodnościami i przyjemnymi doznaniami. Powtarzaj to ćwiczenie za każdym razem, gdy na coś oczekujesz. Wkrótce poczujesz, że czas wcale nie ucieka tak szybko, jak ci się wydaje. To ty mu umykasz.

– *Massalaa chaii! Massala!* – Sprzedawca herbaty stanął w drzwiach przedziału. W czarnej dłoni dzierżył groteskowo wielki czajnik, osmalony sadzą. Wibrujący, gardłowy, niesamowicie niski głos mężczyzny miał nam towarzyszyć przez następną dobę, odmierzając rytm podróży kolejnymi kubeczkami słodkiej korzennej herbaty z mlekiem.

W porównaniu z pasażerami trzeciej klasy, niemiłosiernie stłoczonymi na drewnianych ławkach, my podróżowaliśmy wręcz luksusowo – slipingiem z sześcioma wygodnymi miejscami leżącymi w każdym przedziale. Współpasażerowie chwilę z nami pogadali, po czym ułożyli się na łóżkach i zasnęli. Później przepisowo przypięliśmy plecaki łańcuchami do stalowych rurek (łańcuch i porządna kłódka to w Indiach podstawa wyposażenia każdego podróżnego! Służą do przypinania bagażu i zamykania drzwi w hostelach, gdzie często zamiast zamka jest zwykły skobel), wyciągnęliśmy się wygodnie i otworzyliśmy książki w poczuciu, że lepiej być nie może.

Obudził mnie chłód. Dosłownie – jakbym się znalazła w lodówce. Kratka klimatyzatora nad moją głową była oszroniona niczym zepsuty zamrażalnik w moim starym paryskim mieszkaniu,

a w twarz buchało mi powietrze tak lodowate, że wyraźnie widziałam parę dobywającą się z moich ust.

– *Massssssalaaaaaa chaiiiiii!*

Wyskoczyłam na korytarz, by napić się rozgrzewającej masali. Tutaj temperatura dochodziła do pięćdziesięciu stopni Celsjusza – jak w saunie!

Tamtej nocy złapałam infekcję gardła, od której nie mogłam się uwolnić przez kolejne dwa miesiące. Była to dla mnie ważna lekcja podróżowania w tropikach: Gdy ruszasz w drogę pociągiem lub autobusem, musisz mieć przy sobie cienką kurtkę puchową lub śpiwór, czapkę oraz maskę chirurgiczną albo jeszcze lepiej – antysmogową. Nie znasz dnia ani godziny, kiedy przyjdzie ci się pławić w „luksusie", jakim jest rozkręcona na ful klima, umiłowana przez całą ludność południowej półkuli naszej planety. W jednej chwili zalewasz się potem i umierasz z gorąca, by w kolejnej dygotać niczym osika. Dodajmy do tego zanoszące się kaszlem dzieciaki, z gilami zwisającymi do pasa, rozsiewające bakterie na prawo i lewo, oraz nigdy nieczyszczone przewody klimatyzacyjne, z których dmucha śmierdzące grzybem, wysuszone i lodowate powietrze. Zapalenie gardła, a nawet płuc masz jak w banku. Zaliczyłam to pierwsze, wkrótce popełniając kolejny niewybaczalny błąd – zaaplikowałam sobie przytargany z Polski antybiotyk, nieświadoma faktu, że w czterdziestostopniowym upale zmienił on swoje właściwości. Nie tylko nie wytłukł wrednej bakterii, która mnie zaatakowała, ale też rozwalił mój system odpornościowy i przyczynił się do nasilenia wyczerpujących problemów żołądkowych dręczących mnie od kilku dni*.

---

* Zgodnie z zaleceniami WHO szczególnego traktowania wymagają leki, które – w zależności od postaci czy rodzaju substancji czynnej – charakteryzują się różną wytrzymałością termiczną. Leki powinny być przechowywane w takich warunkach, by temperatura nie przekraczała 25 stopni Celsjusza. Szczególnie należy chronić przed działaniem wysokich temperatur takie leki, jak antybiotyki, środki przeciwbólowe i uspokajające.

Podróżując z gorączką, popełniłam błąd trzeci: nafaszerowałam się paracetamolem, zamiast pójść do lekarza, wziąć, co trzeba, zabunkrować się na trzy dni w hotelu, wykurować i dopiero wtedy ruszyć dalej. Nie będę jednak narzekać, ponieważ wszystko skończyło się dobrze, a ta pierwsza prawdziwa podróż, spędzona w gorączkowej malignie, na zawsze pozostanie jednym z najważniejszych, wręcz przełomowych doświadczeń mojego życia.

Po niemal dobie spędzonej w pociągu wysiedliśmy na pustej stacji, po której wśród włochatych, wychudzonych świniaków, buszujących w śmieciach, i małpich gangów z wdziękiem przechadzała się samotna krowa (sytuacja w Indiach najzupełniej banalna).

Wieczorne światło mieszało się z wiszącym w powietrzu miałkim pyłem, zmiękczając kontury sylwetek ludzi i zwierząt. Małpy siedzące na murach i dachach z falistej blachy przyglądały się nam z zaciekawieniem, pewnie szacując atrakcyjność zawartości naszych plecaków. Dzień później miałam przeżyć niespodziewany atak z ich strony, kiedy nieopatrznie wyszłam z miejscowej świątyni, obdarowana (rzecz jasna za sowitą opłatą) przez napotkanego tam sandhu[*] girlandą z kwiatów, które najwyraźniej stanowią prawdziwy małpi przysmak.

Podróżowaliśmy „na lekko" – nie więcej niż sześć kilogramów bagażu na osobę. Tak, jest to możliwe i wcale nie wymaga ogromnych ofiar, ale o tym napiszę w kolejnym rozdziale. Rozglądaliśmy się za noclegiem, wlepiając nosy w przewodnik Lonely Planet, obiecujący nam turystyczną gratkę. Miasteczko, w którym się znaleźliśmy, wyglądało jednak na wymarłe. Czyżbyśmy się pomylili? W pobliżu miał się znajdować wjazd do jednego z najsłynniejszych parków narodowych w Indiach – Ranthambore, który kiedyś był terenem łowieckim wielkich maharadżów, a dziś słynie

---

[*] Sandhu – hinduski wędrowny asceta, żyjący ściśle według zasad religii, dążący do osiągnięcia wyzwolenia.

z kilku żyjących na wolności tygrysów, które można obserwować. Ale nic nie wskazywało na to, że znaleźliśmy się w pobliżu tej słynnej atrakcji.

Nieliczne knajpki bynajmniej nie zachęcały do przekroczenia ich progu. Zgromadzeni w nich mężczyźni, grzejący w dłoniach massala chai, nie wyglądali przyjaźnie. Szczupłonodzy i bosi, wąsaci i okutani w wełniane szale, błyskali potężnymi kolczykami i licznymi pierścieniami, zdobiącymi ich chude, brązowe palce o długich paznokciach. Wodzili za mną wzrokiem, niepokojąco kołysząc głowami. Kilku wstało i w wulgarnym geście poruszyło biodrami w przód i w tył, oblizując przy tym wargi. S. objął mnie mocniej, ale nie poczułam się przez to bezpieczniej. Przyspieszyliśmy kroku.

Poczułam tęsknotę za znanym, przyjaznym światem, w którym tak mało może mnie zaskoczyć, w którym znam znaczenie słów – tych wypowiedzianych i niewypowiedzianych, wiem, co zapowiada ledwo wyczuwalny zapach unoszący się w powietrzu, umiem czytać, co prawda niezbyt odległą, ale jednak przyszłość, z ludzkich twarzy i prognozować pogodę, patrząc w znajome mi niebo. Tak to jest – w podróży nie tylko doceniamy piękno nowych miejsc, ale też odkrywamy, że bardzo cenimy prawdziwie swoją przestrzeń.

Po dobrych czterdziestu minutach błądzenia po miasteczku – jak cały Radżastan[*] tonącym w pyle – w końcu dotarliśmy do hostelu. Jak się później okazało, było to jedno z zaledwie kilku miejsc, które dają tu schronienie takim jak my, czyli amatorom wędrowania z plecakami.

---

[*] Radżastan – utworzony 1 listopada 1956 roku stan w północno-zachodnich Indiach. Jego stolicą, a zarazem największym miastem jest Dżajpur. Jest to obecnie największy pod względem powierzchni stan Indii. Radżastan graniczy z Pakistanem oraz z następującymi stanami Indii: Gujarat, Madhya Pradesh, Uttar Pradesh, Hariana i Pendżab.

Co za luksus! Z dziurkowanej rurki zawieszonej pod sufitem w łazience leciała ciepła woda, łóżko było wygodne, a pościel pachnąca i czysta. Marzyliśmy o czymś ciepłym do jedzenia, wyszliśmy więc na dach, gdzie w takich miejscach zwyczajowo znajduje się restauracja. Zastaliśmy tam kilka prostych stołów, zadaszonych brezentem, i drewnianą budkę o powierzchni nie większej niż pięć metrów kwadratowych, stanowiącą, jak się okazało, kuchenne zaplecze tego przybytku. Dwa gazowe palniki, duża decha do krojenia, kilka garnków, patelnia, miski do mycia naczyń i rąk, baniak z wodą – wszystko wypucowane na błysk. Wkrótce miejsca przy stołach się zapełniły. Dołączyli do nas ludzie w różnym wieku, podróżujący w parach lub samotnie. Pewne siebie, wesołe amerykańskie dziewczyny, starszy fotograf przyrody z Niemiec, zakochana para z Amsterdamu i dwie z lekka nawiedzone, mocno już wiekowe czeskie joginki. W takich miejscach znajomości zawiera się w mgnieniu oka, więc już po kilku minutach było tak, jakby towarzystwo znało się od lat i właśnie wspominało stare czasy.

Wszyscy zastanawialiśmy się, co można będzie zjeść w tym niebywale skromnym miejscu. Wobec wybitnie spartańskich warunków stawialiśmy na omlet lub prosty dhal.

Proste wegetariańskie curry – dhal z czerwonej soczewicy, najbardziej rozpowszechniona potrawa w Indiach. Doskonale smakuje zarówno na ciepło, jak i na zimno. Składniki: łyżka oleju do smażenia, 1 szklanka czerwonej soczewicy, 1 cebula, 3 pomidory, 2 ząbki czosnku, łyżeczka startego korzenia imbiru, kurkuma i sól do smaku, sok z cytryny. Przygotowanie: obrane ze skórki pomidory i cebulę posiekać, soczewicę przepłukać. W garnku podsmażyć cebulę z czosnkiem, kurkumą i solą. Dodać pomidory i soczewicę, posolić, zalać 3 szklankami wody i gotować na wolnym ogniu 30 minut. Na koniec skropić sokiem z cytryny. Podawać z przaśnym pieczywem lub ryżem.

Wędrujące drzewo

Sącząc zimne piwo, słyszeliśmy, jak kiszki grają nam marsza. Piwo przemycił dla nas w przenośnej lodówce chłopaczek, który pojawił się, gdy tylko przekroczyliśmy próg hostelu. Zaproponował nam też wymianę dolarów, haszysz, zwykłą marychę, valium, opium oraz papierosy – zarówno miejscowe, jak i zachodnie.

Kiedy skończyło się piwo, a w kuchni nadal nikt się nie pojawił, zaczęliśmy rozważać wdrożenie w życie planu B, czyli otwarcie awaryjnej puszki z tuńczykiem, która zalegała gdzieś na dnie plecaka mojego towarzysza podróży. I wtedy pojawił się ON. Nasz maestro. Absolutny geniusz kulinarno-logistyczny, wieloręki bóg indyjskich pyszności, wirtuoz gastronomii – Anand. Jego imię w języku hindi oznacza „radość" i pasuje do niego jak ulał. Niewielki, zwinny jak fryga, wiecznie uśmiechnięty kucharz i niekoronowany król tego miejsca. Jak się okazało, zaledwie dwudziestoletni!

Anand stanął u szczytu schodów prowadzących na dach i błysnął najweselszym uśmiechem, jaki w życiu widziałam, dzierżąc w dłoniach ogromny kosz, wypełniony po brzegi warzywami. Skłonił ku nam głowę, zdobną w wymyślny turban wykonany z ręcznika, po czym zanurkował w maleńkiej kuchence. Po kilku minutach wrócił – ręcznik, który wcześniej miał na głowie, teraz opasał go na wzór fartuchów paryskich kelnerów (sięgał mu do kostek). Kołysząc głową na boki, Anand wręczył każdemu z nas oprawną w laminat kartę dań, której zawartości nie powstydziłaby się żadna przyzwoita restauracja.

Patrzyliśmy w menu osłupiali, niektórzy zaczęli chichotać z niedowierzaniem. Anand tymczasem cierpliwie czekał, lekko skłaniając się w pozie wytrawnego majordomusa. Chociaż wszystko to wyglądało na niezły żart, postanowiliśmy złożyć zamówienie, wybierając z karty najróżniejsze dania – nawet po dwa lub trzy na osobę. Dodam, że cena żadnego z nich nie przekraczała czterech dolarów. W tym momencie Anand zaskoczył nas ponownie – niczego nie notując, zapamiętał całe zamówienie. Później okazało się, że nie umie pisać ani czytać, więc aby wykonywać swój fach – kucharza, menedżera restauracji i kelnera w jednej osobie – stworzył innowacyjny, bardzo skuteczny system zapamiętywania i kojarzenia twarzy gości z potrawami, które wybierają.

Przez kolejne pół godziny z kuchni dochodziły odgłosy siekania, trzaskania naczyniami, ubijania i walenia młotkiem, a z otworów imitujących okna buchał przyprawiający o zawrót głowy zapach podsmażanych na tłuszczu przypraw do tadki.

> *Tadka, czyli smażona przyprawa indyjska do dhalu i innych potraw. Składniki: 1/2 łyżeczki ziaren kminu rzymskiego, łyżeczka ziarenek gorczycy, łyżeczka zmielonego curry, papryczka chilli.*

Gdy Anand ponownie pojawił się w drzwiach swojego laboratorium, spowity obłokiem pary, trzymał w rękach tacę tak ogromną, że mogłaby z powodzeniem pomieścić całą jego skromną postać. Do dziś nikt nie wie, jak to możliwe, i chyba wiedzieć nie musi, ponieważ na pewno mieliśmy do czynienia z czarami, ale wszystkie zamówione potrawy, wraz z ryżem i ociekającymi masłem chlebkami ćapati[*], wylądowały przed nami w tym samym czasie. Nie doszło do żadnej pomyłki, każdy dostał dokładnie to, co zamówił. Na dachu rozległy się brawa, które nasz mistrz przyjął z pokorą, składając dłonie na piersiach jak do modlitwy

---

[*] Ćapati – okrągłe cienkie placuszki z przaśnego ciasta z mąki pszennej, będące podstawą kuchni w południowej Azji, zwłaszcza w Indiach i Pakistanie, oraz we wschodniej Afryce. Przygotowuje się je na gorącym kamieniu lub na wypukłym metalowym naczyniu, zwanym *tava*. Na koniec trzyma się przez chwilę nad wolnym ogniem, aż na powierzchni utworzą się rumiane bąble. Placki smaruje się sklarowanym masłem *ghee*. Ćapati używa się jako sztućców, nabierając nimi spożywaną potrawę. Odmiana z dodatkiem mąki kukurydzianej lub mączki z soczewicy to tzw. *roti*.

i delikatnie chyląc głowę. Bogini! Jakie to było pyszne! Po tej uczcie położyliśmy się do łóżka z poczuciem, że trafiliśmy do raju, a przynajmniej do jego kuchni.

To właśnie dla kulinarnych popisów Ananda i pogawędek prowadzonych w świetnej angielszczyźnie, której ten niebywale zdolny chłopak nauczył się wyłącznie podczas kontaktów z turystami, zostaliśmy jeszcze kilka dni w kompletnie nieatrakcyjnym miasteczku, tonącym w tumanach pyłu.

Okazało się, że nasz master chef od piątego roku życia pomagał w restauracjach, a jako dwunastolatek trafił na naukę do kucharza gotującego na luksusowych jachtach dla arabskich szejków i innych bogaczy. To dzięki niemu poznał tajniki wyrafinowanej kuchni z różnych stron świata. Po powrocie na ląd zupełnie przypadkiem trafił do tego podrzędnego hostelu, a widząc, że brakuje w nim restauracji, postanowił otworzyć własną knajpę. Postawił na dachu prowizoryczną budkę i niezrażony ciasnotą i brakiem bieżącej wody, każdego wieczoru po prostu robił swoje najlepiej, jak potrafił.

Nazajutrz o czwartej rano podjęliśmy walkę o wejściówki do rezerwatu, na którego teren wpuszczano ograniczoną liczbę zwiedzających w autach terenowych. Sytuacja przy okienkach przypominała znany mi obrazek z dolnej stacji kolejki na Kasprowy Wierch w czasach, gdy nikomu się nie śniło, że Polska Rzeczpospolita Ludowa odejdzie w niepamięć. Koniki, podmianki „na wcześniej" i „na później", awantury przy okienku, które otwierano o piątej rano i tylko na pół godziny... Jako dziecko słusznie minionego systemu, doskonale poradziłam sobie ze zdobyciem upragnionych biletów, dystansując grupkę kręcących głowami z niedowierzaniem, szalenie stylowych, ale zupełnie nieskutecznych Francuzów (*Oh, la, la* nie jest najlepszą przynętą na złaknionego łapówki hinduskiego kasjera) oraz samego S., który nareszcie mógł się czegoś ode mnie nauczyć.

Godzinę później, z poczuciem pełnego zwycięstwa, zainstalowałam nas na siedzeniu wygodnego dżipa. Wkrótce mieliśmy się przekonać, że ograniczenie liczby turystów dotyczy wyłącznie odkrytych aut należących do obsługi parku. Natomiast u wrót rezerwatu funkcjonuje potężny kompleks hoteli, spod których jak na wyścigi ruszają pancerne autokary, wypełnione po brzegi białymi paniusiami i ich mężami, celującymi przez przyciemnione szyby z iPadów, telefonów i wypasionych aparatów fotograficznych w stronę lasu – w nadziei na uchwycenie wyłaniającego się zeń wielkiego kota. Taniej by wyszło, gdyby ściągnęli sobie z sieci fotkę z tygrysem, zamiast tłuc się na drugi koniec świata, ale jak mawia moja nieoceniona psychoterapeutka: Świr ludzki nie zna granic!

Początkowo nic się nie działo. Tygrysa ani widu, ani słychu, trochę sarenek, niezliczone małpy i pawie. Nic nadzwyczajnego. Już zamierzałam wciągnąć ten wypad na listę miejsc, które zwiedziłam bez sensu, kiedy moją uwagę przykuł zagajnik, złożony jakby z tysięcy wrastających w ziemię ni to gałęzi, ni to lian, ni korzeni, które podtrzymywały płasko rozłożony parasol z liści. Wyglądało to nierealnie, wręcz baśniowo.

– Wędrujące drzewo – szepnął mi do ucha S.

Wielki figowiec – banian*. O matko! W życiu nie widziałam rośliny, która byłaby tak niezwykła, ekspansywna, tajemnicza i bajkowa. Później przeczytałam, że teoretycznie wielki figowiec mógłby skolonizować cały świat! No i ta nazwa: wędrujące

---

* Banian (figowiec bengalski) – od jego poziomych gałęzi wyrastają pionowe pędy, które wrastają w ziemię i zakorzeniają się. Stają się w ten sposób dodatkowymi pniami, które podtrzymują koronę i przewodzą wodę wraz z solami mineralnymi. Niektóre drzewa mogą mieć ponad 300 takich masywnych pni bocznych (Wielki Banyan rosnący na terenie ogrodu botanicznego w Kalkucie ma aż 2880 pni o wysokości 24,5 m). Korona przedstawicieli tego gatunku może pokrywać powierzchnię ponad 2,1 ha. Na obszarze o średnicy nawet 500 m znajdować się mogą pnie jednego osobnika.

drzewo! Czy można zarazem mieć korzenie i się przemieszczać? A jeśli tak, czyż nie jest to opcja idealna?

* * *

Odbyłam wiele podróży, zarówno z S., jak i samotnych. Jestem mu wdzięczna za to, że był moim nauczycielem życia – w drodze, ale też tu i teraz. Ta nasza pierwsza wspólna wyprawa przez Indie odmieniła mnie, choć drogę zawsze miałam we krwi. Kocham dworce, lotniska i porty. Uwielbiam prowadzić auto trasami, których nie znam. Lubię bazary, na których krzyżują się drogi drobnych handlarzy z różnych stron. Rajcują mnie koczowiska, smakuje mi jedzenie rozkładane pod gołym niebem, spanie w obcych miastach i wychodzenie o świcie na nieznaną ulicę. Nie mam pojęcia, czyje geny tak mnie gnają przez świat, nigdzie nie pozwalają zagrzać miejsca, a zarazem pomagają wszędzie poczuć się u siebie. Może w innym życiu należałam do jakiegoś koczowniczego plemienia? Może powielam jakiś rodzinny schemat? Wciąż szukam odpowiedzi na te pytania.

Ostatnio poddałam się ustawieniom hellingerowskim[*], dzięki którym dowiedziałam się, że podobno moja praprababka w linii żeńskiej pragnęła żyć jako wolny człowiek i wyjątkowo źle znosiła uziemienie w domu – przy mężu i dzieciach. Czy to możliwe, że ja, kilka pokoleń później, tańczę jej zakazany taniec? Ja, która mogę zrealizować jej pragnienia, ponieważ żyję w czasach, kiedy potrzeba wolności u kobiety nie jest już postrzegana jako skrzywienie i powód do społecznego wykluczenia? Podczas ustawień pokłoniłam się jej bardzo nisko i poczułam wielką radość, jakbym

---

[*] Bert Hellinger (ur. 16 grudnia 1925 w Leimen) – niemiecki psychoterapeuta, twórca metody ustawień rodzinnych polegających na porządkowaniu splątanych i zerwanych więzów rodzinnych. Według jego teorii „wiedzącego pola" obcy człowiek postawiony symbolicznie na miejscu kogoś z rodziny pacjenta ma takie same odczucia jak osoba, którą reprezentuje, chociaż prawie nic o niej nie wie.

spotkała dawno niewidzianą bliską mi osobę. Nieważne, czy Hellingerowski sposób na poznanie tajemnej historii naszych rodzin naprawdę działa czy też jest kolejną sztuczką psychologiczną dla naiwnych. Traktuję to doświadczenie z dystansem, ale cieszę się, że mam je w życiorysie.

Poświęciłam wiele lat na poznanie swojej prawdziwej historii i uporządkowanie własnego wnętrza. Wiele jeszcze przede mną. Kto raz wszedł na tę ścieżkę, już zawsze będzie ciekaw, co jest dalej, co siedzi głębiej. Znowu banał, ale wypada to powiedzieć: ta wędrówka nigdy się nie kończy. I o to właśnie chodzi! Wspaniałe jest to, że już nie walczę z prądem życia. Wiem, że mam prawo być właśnie taka, jaka jestem. Mam prawo być tutaj.

Zanim zobaczyłam wędrujące drzewo i zrozumiałam, że podróż i zmiana wcale nie muszą oznaczać wykorzenienia, długo dźwigałam ciężar winy. Zarzucałam sobie, że nie jestem jak inne, stawiane mi za przykład dziewczyny i kobiety. Nie „ułożyłam" sobie życia. Nie znoszę stanu posiadania. Meble, książki, talerze, ciuchy, pościele i inne rzeczy dające innym ludziom poczucie oparcia, symbolizujące dom, dla mnie są trudnym do zniesienia balastem. Często łapię się na rozmyślaniach o tym, że nie mam pojęcia, co zrobić z rzeczami, które niczym dziki powój nieustannie obrastają moje kolejne mieszkania. Gdy likwidowałam swój dom w Kościelisku, oddałam, sprzedałam i wyrzuciłam wszystko oprócz książek i naprawdę niezbędnych ciuchów. A potem wsiadłam do samolotu i wybyłam z kraju na pół roku. Pewnego ranka obudziłam się w Kerali w południowych Indiach, w domku na drzewie o rozmiarach cztery na cztery metry, i wsłuchując się w poranny wrzask ptaków i małp nad moją głową, zdałam sobie sprawę, że trzydzieści jeden lat wcześniej, nie mając nic, także mieszkałam w pokoiku o takich rozmiarach, tylko w Paryżu – i czułam się równie pełna życia, nadziei, spokojna. Potem marzyłam o domach i szafach pełnych wyprasowanej pościeli, o której Elia Kazan napisał w powieści *Układ*, że daje złudne poczucie bezpieczeństwa. Spełniłam te marzenia, a kiedy się to stało, okazało się, że wcale nie czuję się dzięki temu szczęśliwsza. Raczej zobowiązana, by nie powiedzieć – uwiązana. Pozbycie się nadmiaru przedmiotów pomogło mi powrócić do stanu młodzieńczego entuzjazmu wobec życia. Przyznam, że mając skończone czterdzieści siedem lat, czuję się z tym fantastycznie!

Kultura popycha dziewczyny i kobiety do stabilizacji i każe wić gniazda, więc i ja to robiłam. W żadnym nie zagrzałam jednak miejsca na dłużej. Zawsze czułam, że moc jest przy mnie właśnie wtedy, kiedy jestem w drodze, kiedy szukam miejsca na obozowisko. Dzisiaj już wiem, że to jest w porządku.

Ćwiczenie

Weź kartkę i długopis i odpowiedz na pytania:
1. Jakie przekonania na temat wyjazdów, przeprowadzek i życiowych zmian panowały w twojej rodzinie? Obawiano się ich? A może cieszono się, że nadchodzą?
2. Jaką rolę przy takich okazjach przypisywano kobietom, a jaką mężczyznom?
3. Czy brano pod uwagę zdanie wszystkich zainteresowanych? A może jedna osoba dominowała i podejmowała wszystkie decyzje?
4. Czy w twojej rodzinie były podróżujące osoby? Co o nich mówiono? Jak je postrzegano?
5. Czyje przekonania na temat podróżowania i życiowego przemieszczania się nieświadomie powielasz? Czy czujesz gotowość, by je porzucić i wypracować własne?
6. Czy jako dziecko lub nastolatka fantazjowałaś, marzyłaś o podróżowaniu po dalekich krajach? Dokąd chciałaś pojechać?

*Kiedy skończysz, usiądź wygodnie, weź kilka łagodnych, relaksujących oddechów, zamknij oczy i przypomnij sobie siebie, gdy jako dziecko fantazjowałaś o podróży. Niczego nie oceniaj, nie staraj się wpływać na to, co podsunie ci pamięć. Postaraj się zaobserwować jak najwięcej szczegółów. Jaka jesteś? Ile masz lat? Jak wyglądasz? A teraz podejdź do tego dziecka, kucnij przed nim, uśmiechnij się i obiecaj: **Zabiorę cię wszędzie, gdzie tylko zamarzysz!** Weź dziecko za ręce, poczuj jego dotyk. Otwórz oczy i zanotuj na kartce miejsce, w które obiecałaś zabrać samą siebie. Sprawdź je na mapie i w wyszukiwarkach. Znajdź książki, artykuły i filmy o nim. Sprawdź noclegi i atrakcje turystyczne, poczytaj odpowiednie blogi, słowem: pokaż swojemu wewnętrznemu dziecku, że jego marzenie jest ważne, zaspokój jego ciekawość i ciesz się, że nikt nie może wam przeszkodzić w tym wirtualnym podróżowaniu! Być może będzie to pierwszy krok, by pozwolić sobie na podróż w realu. Zapewniam cię: nikt nie jest lepszym przewodnikiem niż twoje uwewnętrznione dziecko, ten aspekt ciebie, który zawsze jest gotów przeżyć przygodę, zawierać nowe przyjaźnie, zachwycać się, bawić, zaspokajać ciekawość i nieustannie uczyć się czegoś nowego.*

Anarchustka, czyli jak się spakować, żeby nie żałować

Po latach podróżowania potrafię się spakować niemal idealnie, ale i tak zawsze okazuje się, że wlekę na drugi koniec świata jakieś niepotrzebne duperele. Ostatnio na przykład złapałam się na tym, że mam w kosmetyczce trzy różne kremy nawilżające, których zastosowanie – przy wilgotności powietrza sięgającej dziewięćdziesięciu procent – jest równie absurdalne jak smarowanie się nimi na trzaskającym mrozie. Taki krem, wklepany w wilgotną skórę, natychmiast z niej spływa, w związku z czym nie tylko nie spełnia swojej funkcji, ale też powoduje, że rozpulchniona przez upał i wilgoć gęba świeci się jak psi nos, co raczej nie dodaje nam uroku. A już nie daj Boże, będąc w Indiach, wysmarować się balsamem do ciała po porannym prysznicu i wybrać na lekcję jogi. Pot zmieszany z silikonem, który wchodzi w skład większości specyfików popularnych marek, daje skuteczny poślizg nawet na najlepszej macie do ćwiczeń. Zamiast psa z głową w dół co najwyżej wywiniesz orła i narobisz sobie obciachu przed całą bandą opalonych, uduchowionych przystojniaków. Kosmetyki do makijażu w takim klimacie też raczej nie mają racji bytu – z dwoma wyjątkami, którymi od lat są dla mnie mnie bronzer francuskiej firmy Nuxe (magiczny kosmetyk, trzymający się skóry w każdych warunkach) i wodoodporny tusz do rzęs. Co zamiast kremu? Kropla olejku. Ja używam jojoby, która przydaje się też do ciała i włosów, kosztuje grosze i jest do kupienia w każdej drogerii między zwrotnikami. Wychodząc na plażę, smaruję twarz kremem z filtrem, ciało zaś szczelnie zasłaniam, co chroni nie tylko przed słońcem, ale i przed łakomymi spojrzeniami miejscowych chłopaków.

Pamiętajmy, że kultura większości krajów leżących na wschód od europejskiego edenu nie przewiduje paradowania półnago nawet po plaży. Nie widzę powodu, by narażać napalonych młodzieńców na frustrację, a siebie na głupie zaczepki. Przyznam, że wybitnie działa mi na nerwy ośli upór, z jakim niektóre białe turystki odmawiają przyjęcia do wiadomości faktu, że spacerowanie w skąpych szorcikach po ulicach niektórych krajów jest czymś równie niedorzecznym jak łażenie z wyciągniętym fiutem po Marszałkowskiej. Tak, jestem wojującą feministką, jednak wychodzę z założenia, że bycie kobietą wyzwoloną a bycie chamką i ignorantką to dwie różne sprawy. Powtórzę więc: sprawdź, jak ludzie ubierają się w miejscu, do którego jedziesz, i się dostosuj. To kwestia szacunku i kultury osobistej, a czasem, niestety, również bezpieczeństwa.

A skoro jesteśmy przy kwestiach bezpieczeństwa – w gorącym klimacie masz zasadniczo dwóch wrogów: udar słoneczny i odwodnienie. Zabierz w podróż bidon i pij, pij, pij. Filtrowana, bezpieczna woda jest w tej chwili dostępna niemal wszędzie. A jeżeli jej nie ufasz, kupuj tę butelkowaną.

W tropikach na każdym kroku nabędziesz świeże kokosy. Korzystaj! Woda kokosowa jest bogata w niezbędne dla organizmu składniki, takie jak magnez, potas, wapń, fosfor, oraz witaminy B_1, B_2, B_3, B_5, B_6 i C, a poziom elektrolitów jest w niej niemal identyczny jak w osoczu ludzkiej krwi.

Nigdy, przenigdy nie wyleguj się w pełnym słońcu! Sam moment, kiedy wchodzisz do wody, aby popływać, w zupełności wystarczy za całe opalanie. Nasze białe, środkowoeuropejskie karnacje nie są stworzone do kontaktu z tropikalnym żarem. Nawet dla najpiękniejszej opalenizny nie warto ryzykować ciężkich poparzeń albo raka skóry, nie wspominając o zmarszczkach, przebarwieniach, znamionach i reakcji uczuleniowej na promienie UV. Sądzisz, że tobie słońce nie jest w stanie zaszkodzić? Wolne żarty! Ja też tak myślałam, dlatego położyłam się, dosłownie na kwadransik – bez żadnego filtra, bez chusty czy parasola – przy basenie na rajskiej wyspie Bali. Wieczorem moje ciało pokryło się czerwoną grudkowatą i potwornie swędzącą wysypką, tak że wyglądałam jak ofiara ciężkiej tropikalnej choroby. Kolejnego dnia, z samego rana, pobiegłam do miejscowej lekarki, która potraktowała sprawę bardzo poważnie – poddała mnie intensywnym badaniom wykluczającym choroby zakaźne, po czym zapisała sterydy, upominając, bym nie zachowywała się jak głupiutka turystka, jakich mają na pęczki w tutejszych szpitalach.

Sztuka mądrego pakowania bagażu rządzi się jedną uniwersalną zasadą: im mniej, tym lepiej. Z tym że zabrać mało potrafi tylko osoba, która pozbyła się złudzenia, że świeży lakier na paznokciach czy inna kreacja na każdy dzień ma wpływ na to, kim tak naprawdę jesteśmy.
Ilość rzeczy, które ze sobą targamy, jest wprost proporcjonalna do naszego poczucia własnej wartości.
Pakowanie się w podróż to doskonałe ćwiczenie cennej życiowej umiejętności rezygnowania. Jej opanowanie nie należy do łatwych – wiem o tym doskonale, ponieważ jako nomadka uwielbiam szmaty. W nich „mieszkam", otulając się, okrywając do snu i zawiązując na głowie. Z każdej podróży przywożę furę szali i chust, zwanych później w mojej podróżniczej nomenklaturze **anarchustkami**. Nic lepiej nie wyraża mojej niechęci do sztywnych reguł i skostniałej stałości adresów, która kojarzy mi się bardziej z więzieniem niż z posiadaniem. Dla kogoś takiego jak ja niewinny skrawek materiału, zależnie od konieczności, może się stać kocem, obrusem, suknią albo dachem nad głową. Krótko mówiąc: jestem szmaciarą level hard. Nieustannie krążę

po targach, bazarach, farbiarniach i pracowniach tkackich. Nakłaniam staruszki w różnych stronach świata, by zechciały otworzyć przede mną nie tylko serca, ale i skrzynie, malowane byczą krwią, żółtą kurkuminą, czerwoną santaliną, błękitną indygotyną i brązową sepią*. Słucham przy tym snutych na migi historii ludzkich losów, wspomagając się czytaniem z rozłożonych na kolanach map, zapisanych wieki temu na kwadratowych kuponach cienkiej wełny uniwersalnym alfabetem niepiśmiennych kobiet wiejskich od Himalajów aż po Morze Śródziemne. Nie wyłączając mojego Podhala, gdzie tak zwana „tybetka" stanowi oczywistą część ubioru każdej szanującej się góralki. Sposób wiązania tych chust, od stuleci zwożonych jedwabnym szlakiem z najwyższych gór świata, różni się w poszczególnych miejscach, ale widniejący na nich zapis graficzny pozostaje ten sam. Splątany tybetański czy kwiecisty kaszmirski – wzór jest równie swojski i czytelny dla skośnookiej góralki Gurung z północnego Nepalu, jak dla gaździny spod Gubałówki, u której, notabene, również nabyłam kilka zabytkowych „tybetek" i mongolskich „łodziewacek" (rodzaj miękkiego wełnianego koca, który narzuca się na chustę i kożuch przy ogromnych podhalańskich mrozach).

Kupuję więc, wiozę do Polski, rozkładam, chwalę się, wietrzę, piorę, przekładam woreczkami z suszoną lawendą i trawą cytrynową, po czym, pakując się w kolejną podróż, z rozpaczą stwierdzam, że nie mogę zabrać nawet części łachów. Po pierwsze – po co wozić drewno do lasu? Po drugie – po co się obciążać? Żegnajcie, narcystyczne wizje mojej osoby odzianej w kolejne powłóczyste sari, w wielobarwne tuniki i baloniaste spodnie, które szyję na miarę za każdym razem, gdy jestem w Indiach. *Goodbye*, Lolu w szykownych bojówkach safari, zakupionych w przypływie szalonego pomysłu, że stanę się drugą Martyną Wojciechowską. W podróży sprawdzają się tylko rzeczy SPRAWDZONE, a wizerunek podróżniczki jest ostatnią rzeczą, na jaką należy zwracać uwagę.

* Barwniki naturalne tradycyjnie stosowane do malowania drewna.

Od czego zatem zacząć pakowanie? Od wyboru walizki, plecaka lub torby, do której załadujemy swój dobytek. Tutaj każda osoba doświadczona w przemieszczaniu się pomiędzy strefami czasowymi i klimatycznymi ma własne preferencje. Moje są następujące: jeżeli walizka, to tylko porządna, średniej wielkości, wysokiej jakości, na czterech kółkach i z regulowaną rączką. Taka, której toczenie, nawet przy pełnym obciążeniu, nie sprawi trudności. Plastikowa, szczelna, zamykana na szyfr, odporna. Tutaj naprawdę nie warto oszczędzać. Na lotniskach bagaże są traktowane bardzo brutalnie. Ustaw szyfr w walizkowym zamku, zanotuj go (!) w sobie tylko znany sposób i zawsze używaj! W wielu miejscach, gdzie nie będzie dostępu do sejfu, to właśnie w zamkniętej walizce będziesz przechowywać wartościowe i ważne rzeczy, takie jak dokumenty, pieniądze czy sprzęt elektroniczny.

Podpisz bagaż w miejscu do tego przeznaczonym, a także w środku, niezmywalnym markerem. Zawieszki, które dostajemy od linii lotniczych, urywają się błyskawicznie. Naklej na walizkę coś charakterystycznego lub przynajmniej zawiąż na rączce kawałek materiału, który odróżni twój bagaż od innego – bardzo podobnego. Osobiście nie owijam walizki folią, ponieważ szkoda mi na to pieniędzy. Należę jednak do osób, które nie przywiązują szczególnej wagi do nieskazitelnej estetyki swojego bagażu, więc nie przeszkadza mi, że jest on nieco sponiewierany i po kolejnym dalekim locie niekoniecznie lśni czystością. Za to zdarza mi się opakować folią plecak. Robię to na ogół, wracając z krajów, z których ma miejsce przemyt narkotyków. Podrzucenie paczuszki z czymś mocniejszym do miękkiego bagażu nieświadomego podróżnika zdarza się nagminnie i bywa źródłem ogromnych kłopotów, których nikomu nie życzę.

Czy muszę w tym miejscu podkreślać, że nigdy, przenigdy nie wolno przyjmować OD NIKOGO, kto nie jest bliską nam osobą, żadnej, nawet najbardziej niewinnie wyglądającej, przesyłki? Więzienia w Azji i Ameryce Łacińskiej są pełne naiwniaków, którzy dali się namówić na przewiezienie w swoim bagażu kilku drobiazgów naszpikowanych kokainą lub heroiną. Nie i kropka. To tak jak z wakacyjnym seksem bez zabezpieczenia – są zasady, które możemy w podróży naginać i nic wielkiego się nie stanie, ale tu nie może być żadnej dyskusji.

Dobry plecak musi być przede wszystkim lekki i dopasowany do naszej sylwetki. Nie kupuj go przez internet bez przymiarki! Ważne, by był rozpinany na suwak od dołu w sposób umożliwiający dostęp do twoich rzeczy bez konieczności wyładowywania wszystkiego na każdym postoju. Popularne sieciówki sportowe mają w ofercie doskonałe i niedrogie plecaki, więc jeśli nie masz zbyt wygórowanych ambicji i nie należysz do klubu niewolników markowych metek, nie wydawaj fortuny na plecak. Jak już wspomniałam, nasz majdan bardzo cierpi w lukach bagażowych samolotów i na taśmach transportowych. Nawet najbardziej wybajerowany plecak prędzej czy później (raczej prędzej) zużyje się na tyle, że będzie trzeba go zmienić. W pakiecie z plecakiem zawsze zabieram dwie rzeczy: duży, mocny worek na śmieci, który w razie potrzeby – czyli na łodzi lub w ulewnym deszczu – zabezpieczy mój dobytek przed wodą, oraz duct tape – srebrną bardzo mocną taśmę izolacyjną (kupisz ją w każdym supermarkecie typu „dom i ogród", w dziale elektrycznym), na wypadek gdyby plecak pękł. Tego typu taśma to podróżniczy must have! Naprawisz nią pęknięte okulary, rozdarty śpiwór czy kurtkę, zamocujesz wtyczkę w zbyt luźnym kontakcie i spętasz napastnika. Żartuję. Chociaż...

Przed wyjazdem dokładnie sprawdź, jakie temperatury – za dnia i nocą – panują w miejscu, do którego się wybierasz. Jeżeli planujesz noclegi w oberżach i hostelach, gdzie niekoniecznie możesz liczyć na czystą pościel, zabierz ze sobą śpiwór. Ja mam trzy – każdy przeznaczony do innych warunków. Najcieplejszy, puchowy, typu „mumia" (sześciusetpięćdziesięciogramowy) polskiej firmy Cumulus, w którym nie zmarznę, nawet jeśli temperatura w nocy spadnie nieco poniżej zera, uszyłam na wymiar.

Kosztowało mnie to o sto złotych więcej niż śpiwór z oferty podstawowej, co przy cenie tysiąca dwustu złotych wiele nie zmienia, a różnica w komforcie jest ogromna. Zabieram go na trekkingi w wysokie góry, gdzie nocujemy w schroniskach. Bez średniego, przeznaczonego do temperatur powyżej piętnastu stopni Celsjusza, nie ruszam się w tropiki. Należę do osób, które lubią, gdy jest im ciepło, więc kiedy śpię w klimatyzowanym lub wyposażonym w duży wiatrak pokoju, chętnie okrywam się moim milusim, cienkim śpiworkiem. Zabieram go też do samolotu i wtedy mam pewność, że nie tylko nie zmarznę podczas lotu, ale też będę mogła wygodnie się wyspać, kiedy przyjdzie mi czekać (czasem godzinami) na lotnisku. Ponieważ jestem zakochana w jodze, gdziekolwiek się udaję, pod pachą taszczę lekką matę do ćwiczeń. Dzięki temu, kiedy mam przed sobą kilka godzin czekania w hali tranzytowej, zamiast kulić się na niewygodnych krzesłach, rozkładam się wygodnie na podłodze, z małym plecaczkiem pod głową, nastawiam budzik, zakładam maskę na oczy i mówię światu „dobranoc". Do samolotu zabieram też leciutką poduszkę na szyję, typu rogalik. Bardzo dbam o to, by podczas podróży było mi maksymalnie wygodnie. To podstawa! Trzeci z moich śpiworów jest jedwabny, tak cieniuteńki, że po zwinięciu mieści się w kieszeni spodni. Można go użyć jako wkładu śpiwora puchowego, by było nam jeszcze cieplej, albo spać w nim w wielkim upale.

Pamiętaj, żeby po powrocie z wyprawy przechowywać puchowy śpiwór w dużym przewiewnym worku, a nie zwijać go w kulkę. Niech oddycha. Zawsze też stosuj się do zaleceń producenta, jeżeli chodzi o pranie.

Jeżeli masz problemy z szyjnym odcinkiem kręgosłupa lub, tak jak ja, po prostu nie znosisz spania na wysokich poduszkach, zabierz w podróż malutki wygodny jasiek. Z niepojętego dla mnie powodu w większości hoteli, hosteli i schronisk na świecie dostajemy grubaśne, koszmarne poduchy, na których nie sposób się wyspać.

Sztukę pakowania się można z grubsza podzielić na dwa warianty: ciepły i zimny. Nie mówię tu oczywiście o wyprawach ekstremalnych, wymagających specjalistycznego sprzętu i przygotowania, tylko o wyjazdach, o które może się pokusić każda mniej więcej ogarnięta i sprawna na ciele i rozumie osoba.

Po pierwsze – buty. Nie od wczoraj wiadomo, że dobre wojsko chodzi w dobrych butach. Nieważne, klapki, tenisówki, sandały czy górskie buciory – muszą być WYGODNE, czytaj: rozchodzone. Jeżeli planujesz długie marsze, muszą być też o jeden numer za duże, ponieważ stopy puchną pod wpływem wysiłku i gorąca. Ponadto potrzebne ci będą dobrej jakości skarpetki nad kostkę, dopasowane do rozmiaru twojej stopy. Krótkie „stopki" nie nadają się na długie marsze, ponieważ zjeżdżają, zwijają się i nie chronią kostek przed otarciem.

Odpuść sobie hybrydowy lakier na paznokciach, który w upale natychmiast odpadnie. Zrób za to pedicure leczniczy, doprowadź stopy do ładu, wylecz odciski i nagniotki. A do kosmetyczki zapakuj koniecznie: żelowe plastry na otarcia i odciski przyspieszające gojenie, wazelinę i talk.

W gorącym klimacie obok klapek doskonale sprawdzają się sandały na paskach typu Source*. Nie musisz kupować oryginalnych, które do tanich nie należą, ale pamiętaj, by sprawdzić, czy podeszwa jest wykonana z pianki zabezpieczonej środkiem antybakteryjnym, który neutralizuje nieprzyjemny zapach. Tego typu sandały mają tę ogromną zaletę, że można w nich wchodzić do wody, chroniąc stopy przed skaleczeniami. Jeśli jednak wiemy, że znajdziemy się w miejscu, gdzie dno morskie jest kamieniste i obfituje w jeżowce, warto rozważyć zakup specjalnych butów z pianki do brodzenia w wodzie.

---

* Sandały izraelskiej marki Source uważane są przez podróżników za najlepsze buty tego typu. Wykonane z lekkich materiałów, z niegniotącymi krawędziami, dobrze chronią kostkę oraz zapewniają użytkownikowi wysoki komfort.

Co do klapek sprawa jest prosta – muszą się nadawać do wejścia pod prysznic i szybko wysychać. Rozumiem, że kochasz swoje skórzane laczki ozdobione kryształkami Svarowskiego, ale w nich raczej do wody nie wleziesz. A jeśli nawet wleziesz, to gdy już wyleziesz, będziesz mieć kłopot w postaci mokrych, poskręcanych bucików, które nadadzą się co najwyżej do śmieci.

Buty górskie to osobny temat, a przede wszystkim poważna inwestycja, ponieważ takie, które nie zmasakrują nam stóp, ochronią przed kontuzją, nie przepuszczą wody i nie odkształcą się po pierwszym trekkingu, a ponadto będą nam służyły przez długie lata, są po prostu drogie. Warto jednak zaoszczędzić, poczekać, poszukać promocji i znaleźć obuwie idealne. A potem zwyczajnie o nie dbać, czyścić i wyciągać wkładki, aby za każdym razem porządnie doschły wewnątrz.

Po drugie – bielizna. Jeżeli jedziesz szaleć z kochankiem, lub kochanką, w tropikalnym raju all inclusive, nie wtrącam się. Jednak planując wędrówkę, błagam, nie pakuj do walizki stringów! Chyba że chcesz się nabawić zainfekowanej bolesnej rany w tyłku. Kup szybkoschnące, oddychające sportowe majtki i takież staniki, najlepiej dwie, trzy zmiany, do tego w tropiki ze trzy koszulki sportowe, również szybkoschnące, w góry zaś i w rejony zimne bieliznę termiczną – trzy bluzki z długim rękawem plus kalesony, najlepiej z wełny merino[*]. To też niemały wydatek, więc jeśli nie dysponujesz wystarczającymi środkami, poszukaj porządnej bielizny z syntetyku i dokładnie przeczytaj opis. Pamiętaj: bielizna MUSI ODDYCHAĆ i szybko schnąć. Ten ostatni powód sprawia, że w tropikach i przy wzmożonym wysiłku unikamy higroskopijnej bawełny.

Po trzecie – spodnie i koszula. W tropiki weź lekkie, z cienkiej bawełny lub jedwabiu. W góry – koniecznie oddychające,

---

[*] Wełna merino charakteryzuje się minimalną przewodnością cieplną. Jest idealnym surowcem do produkcji bielizny termoaktywnej, która zimą zatrzymuje ciepło przy skórze, natomiast latem zapobiega oddziaływaniu gorącego powietrza.

nieprzemakalne i dostosowane do spodziewanych temperatur. Pełny ubiór na niezbyt wymagający trekking górski w temperaturach powyżej zera powinien przewidywać dodatkowo puchowy „sweter", czyli cienką kurteczkę wypełnioną puchem naturalnym lub syntetycznym, kurtkę z windstopperem[*] i porządną, oddychającą kurtkę przeciwdeszczową. Do tego obowiązkowo lekka, dobrze przylegająca do głowy czapka, porządne okulary przeciwsłoneczne, ergonomiczne rękawiczki i kijki trekkingowe. Ich dobór wymaga pewnej znajomości tematu, warto więc wybrać się do specjalistycznego sklepu i poprosić o pomoc, informując pracownika o trudności planowanego marszu oraz o ukształtowaniu terenu.

Wielu moich towarzyszy podróży pyta, po co właściwie są te kije, i – nie dowierzając moim argumentom – rezygnuje z ich zabrania. Szkoda, ponieważ maszerując przez wiele godzin w górę i w dół, narażamy nasze kostki, stawy kolanowe i biodra na nacisk, do którego na co dzień nie są przyzwyczajone. Kije sprawiają, że mamy więcej punktów podparcia, co umożliwia pokonanie znacznie większej odległości przy mniejszym wysiłku, a także chroni stawy przed przeciążeniem. Gorąco namawiam do zakupu kijków przed wyjazdem w góry.

Zarówno w tropikach, jak i u stóp białych Himalajów czy Andów mogą się przydać: składany parasol, nóż (od lat nie rozstaję się z moim superostrym opinelem), latarka czołówka, naładowany telefon oraz powerbank.

Bardzo ważnym elementem podróżniczego ekwipunku jest apteczka. W mojej, obok środków dezynfekujących i opatrunkowych, zawsze znajduje się żel na urazy, no-spa, aspiryna, wapno, lek przeciwhistaminowy, żel na ukąszenia, silny środek przeciwbólowy,

---

[*] Windstopper – materiał wynaleziony i produkowany przez W.L. Gore & Associates, stosowany do produkcji specjalistycznej odzieży turystycznej i sportowej. Największe zalety odzieży z taką warstwą to wyjątkowa wiatroszczelność, pełna oddychalność, długotrwała nieprzepuszczalność wody, bardzo mały ciężar własny, wytrzymałość i odporność na przetarcia.

nifuroksazyd*, węgiel, wyciąg z orzecha czarnego** (kupuję go w dobrych sklepach zielarskich i stosuję zapobiegawczo przez cały okres trwania podróży) oraz przepisany przez lekarza preparat przeciwzakrzepowy w zastrzykach, który przyjmuję bezpośrednio przed długim lotem i po nim. I tyle. Każde pogorszenie się stanu zdrowia w podróży wymaga wizyty u lekarza, więc nie ma sensu obciążać bagażu lekami na każdą okazję. Odrębną kwestię stanowi przeciwdziałanie malarii, czyli lek znany w Europie pod nazwą malarone. Jadąc w tereny zagrożone tą chorobą, można przyjmować go profilaktycznie. Warto jednak wiedzieć, że jest to preparat o wysokiej toksyczności, którego nie wolno łączyć z alkoholem i który może wywołać bardzo przykre skutki uboczne, z depresją włącznie. Stosowanie malarone nie zwalnia nas z obowiązku zabezpieczania się przed ukąszeniami komarów, które przenoszą nie tylko malarię, ale przede wszystkim równie groźną dengę***. Malarone jest lekiem, który można przyjmować maksymalnie przez miesiąc, więc w moim przypadku, gdy ponad połowę roku spędzam w tropikach, trucie się nim nie ma sensu. Stawiam na środki odstraszające moskity i porządną moskitierę do spania. Na komary oczywiście spray lub roll-on firmy Mugga, dostępny w aptekach i sklepach podróżniczych. Warto pamiętać, że zawiera on duże stężenie silnie toksycznego związku DEET****, dlatego nie powinien być stosowany przez kobiety w ciąży,

---

* Nifuroksazyd – preparat przeciwdrobnoustrojowy stosowany w leczeniu biegunki bakteryjnej.
** Czarny orzech jest najbardziej znany z działania na pasożyty, ma jednak wiele innych zastosowań. Wyjątkowe składniki, których dostarcza, czynią z niego preparat o działaniu przeciwbakteryjnym, przeciwwirusowym, grzybobójczym i oczyszczającym.
*** Denga – infekcyjna choroba tropikalna wywoływana przez wirus dengi. Objawy: ból głowy, mięśni i stawów oraz charakterystyczna wysypka, przypominającą tę przy odrze.
**** DEET (N,N-Dietylo-m-toluamid) – opracowany przez chemików armii USA po doświadczeniu zdobytym w walkach w wilgotnych lasach zwrotnikowych podczas II wojny światowej. Jego pierwsze zastosowanie wojskowe miało miejsce w 1946 r., a cywilne w 1957 r. Pierwotnie DEET testowano jako środek owadobójczy w rolnictwie.

nie należy również aplikować go na skórę noworodków. Tam, gdzie komary nie roznoszą malarii czy dengi, aby zabezpieczyć się przed ukąszeniami, wystarczy olejek z citronelli.

Okularnice i okularnicy (do których się zaliczam) muszą pamiętać o zapasowej parze bryli! Alergicy zaś o zastrzyku, który mogą sobie zaaplikować w razie nagłego kontaktu z silnym alergenem.

W podróż nie zabieramy: prostownic, lokówek, suszarek oraz lakierów do włosów, butów na obcasach, drogich markowych portfeli i torebek, cennej biżuterii ani ubrań, które mogą ucierpieć w praniu. To po prostu nie ma sensu.

Ćwiczenie

Przygotuj listę rzeczy, które SĄDZISZ, że warto zabrać w wymarzoną podróż. Nie ograniczaj się, a jeśli masz wolny wieczór, po prostu poukładaj je wszystkie na podłodze/ łóżku. Teraz rozdziel je na dwa zbiory albo weź kartkę i podziel ją na pół. Lewa kolumna to rzeczy, które pragnie zabrać twoje ego – prawa to rzeczy, których naprawdę potrzebujesz. Na tym etapie na ogół pojawia się pokusa negocjowania. Niby wiesz, że nowa kiecka, szpilki i zestaw cieni do powiek nie przydadzą się w tropikach, ale... Po lewej stronie mojej listy jest wszystko to, co „wydaje mi się", że podnosi moją atrakcyjność fizyczną. Kolorowe kosmetyki, koronkowa bielizna, buty na obcasach, biżuteria i inne akcesoria, takie jak torebka czy dodatkowa para okularów przeciwsłonecznych. Po prawej znajduje się to, co wygodne: ukochane rozciągnięte podkoszulki, cienka koszula z długimi rękawami, znoszone bojówki, szorty zrobione ze starych dżinsów, rozchodzone klapki i sandały, sportowy biustonosz, bawełniana sukienka, chusta pareo (chociaż te akurat uwielbiam kupić na miejscu, a po powrocie używać jako obrusu) i kostium kąpielowy.

Ego to taka bestia, która nieustannie pragnie poklasku i bez przerwy się nas o coś czepia. Jest wiecznie niezadowolone, kapryśne i ma obsesję na swoim punkcie – jak trzylatek, który nie widzi *możliwości wyjścia z domu w rajstopach albo upiera się, że skarpetki muszą być idealnie naciągnięte nad kostki. Ego to nasz największy ciężar – dosłownie i w przenośni. Jeśli go nie okiełznasz, będziesz targać kilogramy nikomu niepotrzebnych fantów. Nabawisz się bólu pleców i skwaszonej miny. Pamiętaj: kiedy będziesz już w swojej wymarzonej podróży, twoim makijażem staną się piegi i zachwyt w oczach. Nie potrzebujesz niczego więcej, aby pięknie wyglądać!*

* Pełną listę rzeczy do spakowania w podróż znajdziesz na końcu książki w rozdziale Porady praktyczne.

Katedra w Kolonii

W latach siedemdziesiątych ubiegłego wieku, na które przypadło moje wczesne dzieciństwo, takie przedsięwzięcie jak wyjazd NA ZACHÓD, czyli za żelazną kurtynę, przeżywało się niczym lot w kosmos. Mój tata, który cieszył się wówczas ogromną popularnością jako tekściarz i wykonawca piosenek, należał do wąskiej grupy wybrańców, którzy regularnie jeździli za granicę na koncerty. Każdy jego wyjazd był dla nas wielkim wydarzeniem – towarzyszyliśmy ojcu przy pakowaniu, w drodze na lotnisko, a potem przyglądaliśmy się, jak jego charakterystyczna, ostrzyżona na jeża głowa znika za bramką kontroli paszportowej. Stary terminal w Warszawie stanowił prawdziwe wrota do lepszego świata. Świata, z którego pochodziły pachnące (choć używane) podkoszulki, spodnie i sukienki przysyłane w paczkach przez ciotkę ze Szwajcarii. Świata, w którym na każdym rogu sprzedawało się czekolady – słodkie jak niebo, opakowane w kolorowe i złote papierki. Świata, w którym mieszkały prawdziwe lalki Barbie i grała przepiękna zagraniczna muzyka, a dzieci pławiły się w waniliowym mleku z kartonu, schłodzonym w wielkiej lodówce.

Wyobrażenie „zagranicy", jakie miało moje pokolenie, ograniczało się do witryny pobliskiego Pewexu. Na niej, w wymyślnych instalacjach, godnych ekspozycji w CSW[*], piętrzyły się kolorowe opakowania z asortymentem wszelkiego typu. Szampony obok

---

[*] Centrum Sztuki Współczesnej Zamek Ujazdowski w Warszawie zajmuje się tworzeniem, wystawianiem i dokumentowaniem współczesnej sztuki polskiej oraz zagranicznej.

butelek z whisky, rajstopy przy pudełkach kakao, a nad tym wszystkim, podwieszone na żyłkach wędkarskich, dżinsy z metką Levi's, przedstawiającą pędzący po prerii dyliżans – rodem z westernu. „Zagranica" oznaczała przedmioty. Nie ludzi, idee czy choćby przyrodę – gdzie tam! Wyłącznie ciuchy, słodycze, colę w puszkach, pomarańcze i klocki Lego!

Rzeczywistość naznaczona totalnym brakiem – połączona z możliwością podglądania, jak to jest na Zachodzie (bo choć nieliczne, były jednak dostępne amerykańskie czy francuskie filmy) – spowodowała, że dzieci lat siedemdziesiątych wyrosły na fetyszystów i frustratów. Do nieprzytomności podniecaliśmy się nie tylko faktem posiadania, jak śpiewał klasyk, „nowej pary dżins", ale też pustymi puszkami po gazowanych napojach i każdą inną duperelą – wystarczyło, że nie była polska. Czyli była lepsza. Nie robiło nam to za dobrze na głowę.

Z lat szczenięcych wynieśliśmy przekonanie, że jako osoby niezagraniczne – stygmatyzowane juniorkami i elektryzującymi fartuszkami w kolorze jadowitego błękitu – sami też jesteśmy brzydcy i do niczego. Niektórym zostało tak do dziś, a wielu przekazało tę wyniszczającą chorobę potomstwu. I nie pomagają okłady z bawełny drukowanej w patriotyczne hasła, okadzanie dymem z palonych opon przed pełnią 11 Listopada ani zbrojenie przed obcymi wszelkiej maści. Polskie poczucie niższości zatruwa i dręczy kolejne pokolenia, rujnując ludziom życie, choć przecież komuna już dawno minęła. Niby doskonale wiemy, że „zagranica" to nie żadne dżinsy, cole i słodkie balonówy, ale świat – całkiem jak nasz – jednak ciągle podejrzewamy, że ktoś może się połapać, iż ten polski, w którym przyszło nam żyć, jest gorszy.

Wyjazdy ojca budziły we mnie i w mojej siostrze, kilkuletnich srajdach, nakarmionych tą dziwaczną, na wskroś materialistyczną mitologią, ogromne emocje. Nic więc dziwnego, że jego powroty z walizką wyładowaną prezentami były doznaniem totalnym i ekstatycznym. Oczywiście nie miałyśmy pojęcia, z jak ciężkim sercem tata wydawał cenne dewizy na drobiazgi, których zakup zlecałyśmy mu w formie szczegółowych list, będących skutkiem wielotygodniowych przemyśleń i wzajemnych przeszpiegów. Zachód był dla nas czymś w rodzaju sezamu, do którego można było się dostać tylko z Okęcia i który wypełniały peweksowskie skarby.

Natomiast jeżeli chodzi o szeroko pojętą geografię oraz geopolitykę, w mojej kilkuletniej głowie sytuacja była prosta, a właściwie płaska. Ziemię wyobrażałam sobie jak wielki talerz, po którego rancie biegły tory tramwajowe, dokładnie takie jak te, które oddzielały ówczesną ulicę Komarowa (dziś Chodkiewicza) w Warszawie od ogródków działkowych i cmentarza żołnierzy radzieckich. Miejsca te zdawały się być już nie miastem, w którym mieszkałam i po którym wolno mi było samodzielnie się poruszać, ale jakimś tajemniczym, innym, zielonym światem.

Czas weryfikacji moich ekstrawaganckich przekonań przyszedł, kiedy mimo trudności piętrzonych przez słusznie miniony system mama postanowiła zapakować po dach rodzinny samochód – a był to starutki volkswagen garbus w kolorze białym – i zabrać nas w podróż po Europie. Nie wiem, czy była to jedna z jej kolejnych ucieczek od słodyczy pożycia małżeńskiego czy też zryw wolnościowy o politycznym podłożu, grunt, że wakacje roku 1975 spędziłyśmy z siostrą i mamą w dziewczyńskiej podróży z namiotem. Trasa prowadziła przez RFN, Holandię i Belgię do Paryża, a potem jeszcze do Szwajcarii i z powrotem przez Austrię i Czechosłowację do Polski.

Wizja torów tramwajowych biegnących po rancie świata oddalała się z każdym kilometrem, podobnie jak przekonanie, że „zagranica" to duży Pewex, wypełniony po brzegi kolorowym towarem. Miałam pięć lat. Podobno gdy mamy osiem, nasza pamięć kasuje wszystko, co było wcześniej, aby zrobić miejsce na dysku i wymazać traumatyczne doświadczenia pierwszych lat dreptania po tym łez padole. U mnie jednak zdarzyła się rzecz następująca: skasowałam wszystko oprócz obrazków z tej podróży. Do dziś doskonale pamiętam pełne napięcia kontrole na granicy i spanie w tanich hostelach lub na kolejnych kempingach, pod namiotem. Pragnę zauważyć, że nasza mama, żona topowego wówczas polskiego artysty, dysponowała środkami dewizowymi pozwalającymi jedynie na najskromniejsze życie na zgniłym Zachodzie. W podróży żywiłyśmy się więc głównie pierożkami ravioli w sosie pomidorowym z puszki i suchym chlebem, który popijałyśmy herbatą. Ja nie protestowałam – przynajmniej nikt mnie nie zmuszał do żarcia, jak w znienawidzonym przedszkolu.

Szybko zorientowałam się, że choć nie jesteśmy w Polsce, a ludzie na każdym kroku gadają w innym języku i rzeczywiście mają mleko w kartonach, wszystko inne jest w zasadzie jak u nas. Dzieci płaczą albo się bawią, matki na nie wrzeszczą, pięknisie chodzą wystrojone, nastolatki przewracają oczami, ostre kamyki na ścieżce kłują w stopy, deszcz moczy ubranie, a liście są zielone. Nadal, oczywiście, rozglądałam się za torami tramwajowymi, które wskazałyby kres tej niesamowicie długiej wycieczki, ale bez skutku. Okazało się, że ziemia ciągnie się zadziwiająco daleko poza tory na Komarowa, działki i cmentarz radzieckich żołnierzy. A nawet dalej niż Zakopane albo Jastarnia, gdzie spędzaliśmy rodzinne wakacje.

W Kolonii po raz pierwszy w życiu przekroczyłam próg gotyckiej katedry* i chyba wtedy zrozumiałam, po co tłuczemy

---

* Katedra Świętego Piotra i Najświętszej Marii Panny w Kolonii – archikatedra, największy i najważniejszy kościół niemieckiej Kolonii. W latach 313–782 świątynia była siedzibą biskupstwa, a od 795 r. do dziś arcybiskupstwa kolońskiego. Budowa obecnej gotyckiej świątyni rozpoczęła się w 1248 r. i trwała, z przerwami, ponad 600 lat, zakończona w roku 1880. Usytuowana na miejscu rzymskiej świątyni z IV wieku i późniejszego kościoła z czasów karolińskich, nieopodal rzeki Ren, katedra ma 144 m długości i 86 m szerokości oraz wieże o wysokości 157,38 m. Po ukończeniu budowy wież (około 1870 r.) aż do 1884 r. katedra była najwyższą budowlą świata. Dzisiaj jest drugą co do wysokości gotycką budowlą sakralną się taki kawał naszym ledwo trzymającym się kupy autkiem, w którym muszę nieustannie walczyć z siostrą o terytorium. To było jak baśń! Byłam wstrząśnięta ogromem i pięknem tej budowli.

Od tamtej chwili miałam w głowie tylko jedno słowo, które mama nieopatrznie wypowiedziała, wprowadzając nas do tej cudownej świątyni: ZWIEDZANIE. Chciałam zwiedzić absolutnie każdy kościół, muzeum, park i starówkę w każdym kolejnym mieście, ale uwaga: oczekując wyłącznie tak totalnych wrażeń jak te, które stały się moim udziałem po przekroczeniu kolońskiej katedry.

Każdy, kto miał w życiu do czynienia z namolną istotą ludzką w wieku lat pięciu, domyśli się, jak skutecznie zatrułam życie matce i mojej starszej o sześć lat siostrze. Każde kolejne miejsce – czy to cudowny romański kościółek z dziesiątego wieku na frankońskiej wsi, czy monumentalne Muzeum Człowieka w Paryżu – wywoływało u mnie kolejne ataki furii połączonej z bezgraniczną rozpaczą, nic bowiem nie mogło dorównać urodzie gotyckiej katedry! Uspokoiłam się, dopiero gdy z rozdziawioną gębą stanęłam u progu Notre Dame[*]. Do dziś uwielbiam gotyk i nigdy nie odpuszczam wizyty w miejscowej katedrze, kiedy jestem w którymś z europejskich miast mogących się takową pochwalić. Mieszkając we Francji, niezliczoną

na świecie (po katedrze w Ulm) i trzecią co do wielkości katedrą świata pod względem powierzchni (po katedrze Świętej Marii w Sewilli i katedrze Narodzin Świętej Marii w Mediolanie). Powierzchnia kościoła wraz z wieżami to 7000 m². W 1996 r. katedra została wpisana na listę światowego dziedzictwa UNESCO.

[*] Notre-Dame de Paris – gotycka katedra w Paryżu, jedna z najbardziej znanych katedr na świecie, między innymi dzięki powieści *Dzwonnik z Notre Dame* autorstwa Victora Hugo. Jej nazwa – tłumaczona jako 'Nasza Pani' – odnosi się do postaci Matki Boskiej. Katedrę wzniesiono na Sekwanie, na wyspie zwanej Île de la Cité w 4. okręgu Paryża, na śladach dwóch kościołów z IX wieku. Jej budowa trwała ponad 180 lat.

ilość razy odwiedzałam świątynie w Reims*, Chartres** i St. Denis*** i wiele innych. Przekraczając ich progi, za każdym razem znów przez chwilę stawałam się tą małą dziewczynką sprzed ponad czterdziestu lat, która wkracza do świata baśni. Podróżując, otwieramy się na szansę, by tak właśnie się poczuć. Zachwycić się – tym bezbrzeżnym zachwytem, który łapie za gardło i śmiało może konkurować z doskonałym seksem, smakowaniem wybitnie dobrego wina czy jedzeniem czegoś wyjątkowo pysznego.

Dopóki jednak siedzimy w swoim bezpiecznym, dobrze znanym światku, ograniczonym, niczym przestrzeń mojego dzieciństwa, linią torów na ulicy Komarowa – pobite gary! Wszystko jest rutyną, a ta, choć może daje poczucie bezpieczeństwa, niestety uniemożliwia dziecięcy zachwyt. Nie ma bowiem szansy, że na twoim osiedlu nagle wyrośnie katedra jak w Kolonii. Musisz się ruszyć!

Im bliżej Paryża byłyśmy w naszej podróży, tym częściej zatrzymywałyśmy się na noclegi – już nie pod namiotem, a u znajomych mamy, która spędziła we Francji kilka lat, zanim poznała

---

* Notre-Dame w Reims – gotycka katedra pw. Najświętszej Marii Panny w Reims. Jest uznawana za najbardziej harmonijną i klasyczną w proporcjach budowlę we Francji, często nazywana Katedrą Aniołów z powodu bogatej ornamentyki rzeźbiarskiej.
** Katedra w Chartres – katedra pw. Najświętszej Marii Panny, symbol francuskiego gotyku. Jej budowę rozpoczęto w 1194 r., kiedy romańska katedra w Chartres spłonęła, ale ponieważ przetrwały przechowywane w kościele relikwia, zwłaszcza słynna *sancta camisa* – tunika, którą miała nosić Najświętsza Maria Panna, rozpoczęto kolejną budowę. Konsekracji świątyni dokonano w 1260 r.
*** Bazylika Świętego Dionizego w Saint-Denis – dawny kościół opactwa benedyktyńskiego w Saint-Denis. Od VI do XIX wieku świątynia klasztorna pełniła funkcję głównej nekropolii królów francuskich. Ponadto w bazylice od czasów średniowiecza do końca XVIII wieku znajdował się skarbiec, w którym oprócz relikwii i cennych przedmiotów liturgicznych przechowywano insygnia koronacyjne oraz inne regalia królów Francji.

naszego ojca. To w ich domach i mieszkaniach zaczęłam dostrzegać urocze drobne różnice w codziennych rytuałach, które do dziś uważam za jeden z uroków bycia w innym kręgu kulturowym. Łóżka zaścielone "na kopertę", z upchniętym ciasno pod materac prześcieradłem zamiast poszwy i kocem w miejsce ciężkiej kołdry; długi, szeroki wałek pod głowę zamiast poduszki; poranne kakao podawane w miseczkach; powalający smak croissantów z dżemem i równie pyszne kanapki z chrupiącej bagietki z masłem i kilkoma kostkami mlecznej czekolady.

Wreszcie dotarłyśmy pod wieżę Eiffla i do mieszkania przyjaciela matki, który wyszykował dla nas wręcz królewską sypialnię. Byłyśmy zmęczone i głodne, ale mama zarządziła ponowne wyjście do miasta, gdzie miała zamiar nakarmić nas czymś wyjątkowym w jakimś specjalnym miejscu.

Po długim spacerze rozświetlonymi ulicami, pełnymi pięknych, kolorowych ludzi, dotarłyśmy do celu. Okazała się nim być malusieńka, zalatująca szczyną, ślepa uliczka, nosząca baśniową nazwę Rue du Chat-qui-Peche, co mama przetłumaczyła jako 'uliczka kota rybołówcy'. To przy niej znajdowała się kieszonkowa knajpeczka wydająca pizzę w kawałkach na wynos. Mama kupiła porcję dla każdej z nas, po czym, nie zważając na bród i smród, rozanielona usiadła na krawężniku i z namaszczeniem przystąpiła do jedzenia. Poszłyśmy w jej ślady, czując, że dzieje się coś niezwykłego. Po pierwsze nigdy w życiu nie widziałyśmy naszej matki siedzącej na chodniku! Po drugie zaś ta pizza, pierwsza w naszym życiu, była niesamowicie pyszna. Ja i moja siostra rozkoszowałyśmy się nią, zawieszając na ten czas nieustannie toczoną wojnę o wszystko i zachodząc w głowę, dokąd wędruje myślami nasza rodzicielka. A mama po prostu wspominała swoje paryskie lata – czasy sprzed naszych narodzin. Myślę, że ta chwila w uliczce kota rybołówcy była dla niej punktem kulminacyjnym owej wyprawy.

Zderzenie z czymś, o istnieniu czego nie miałyśmy najmniejszego pojęcia, było jednak dopiero przed nami. My – polskie dzieci z otwartego polskiego domu, w którym na gazie bulgotała zupa, zawsze gotowa do poczęstowania nią każdego, kto do nas zajrzał o dowolnej porze, miałyśmy wkrótce przeżyć prawdziwy szok kulturowy – zderzenie z gościnnością państwa H. w Bazylei.

Z żalem opuściłyśmy ukochane miasto mamy, by ruszyć do Szwajcarii, gdzie do dziś mieszka nasza ciocia. Jej lokum było wówczas na tyle skromne, że w trosce o naszą wygodę postanowiła umieścić nas u swoich przyjaciół, których moi rodzice gościli wcześniej w Polsce. Jakież było nasze zdziwienie, gdy po wielu godzinach wyczerpującej jazdy przez góry doturlałyśmy się, zmęczone i głodne, pod dom naszych gospodarzy, a tam... zamiast kolacji podano nam krakersy i sok pomarańczowy, tłumacząc, że do wieczornego posiłku siada się nie później niż o dwudziestej.

Rano zrobiło się jeszcze ciekawiej. Gospodarze wybyli do pracy, cała nasza trójka oczywiście radośnie zaspała, a po przebudzeniu naszym oczom ukazała się dyndająca na lodówce, połyskująca szwajcarską nowością, kłódka! Mama, zupełnie niezrażona, wygrzebała dla nas z bagażnika niezastąpioną puszkę ravioli w sosie pomidorowym i odgrzała je na kuchence, ciesząc się skrycie, że gospodarze nie zakręcili gazu.

Nie zabawiłyśmy długo w gościnnym domu państwa H. i z radością ruszyłyśmy w drogę powrotną do Polski. Szwajcarię opuszczałam w przekonaniu, że jest to kraj bardzo biedny, gdzie ludzie okradają się wzajemnie z zawartości swoich lodówek. Nie to, co u nas, w kraju płynącym pomidorówką, w którym strudzony wędrowiec zawsze może liczyć na obfity poczęstunek. I choć nie ma owocowych jogurtów w kolorowych kubeczkach, mleka z kartonu i ravioli w puszce (wtedy nie było), ale za to są najlepsze na świecie placki z jabłkami i chleb z cukrem, a do tego nikt nie zamyka lodówki na klucz.

Ta podróż skutecznie i raz na zawsze wypleniła z mojej głowy polskie kompleksy i przekonanie, że Zachód to wielki Pewex pełen towarów. Wreszcie zrozumiałam też, że świat nie jest dużym płaskim talerzem, zakończonym szlakiem torów tramwajowych, jak na ówczesnej ulicy Komarowa. Jestem pewna, że wtedy ukształtował się też mój ulubiony sposób podróżowania. Trochę bez planu, trochę „po ludziach", bez wydawania wielkiej kasy i na totalnym luzie.

Jak wiadomo, uczymy się, obserwując. Może to widok szczęśliwej mamy wcinającej pizzę na paryskim krawężniku zaprogramował mnie na poszukiwanie w podróży takich właśnie zdarzeń? W każdym razie dziękuję Ci, mamo, za tamten wieczór w Paryżu dawno temu. Pięć franoli wydanych wtedy na pizzę przekuło się w moim życiu na tysiące ulicznych przysmaków, które są najlepszym dowodem na to, że nieważne za ile – ważne, gdzie i z kim dzielimy posiłek.

Przez kolejne lata zdarzały się nam jeszcze rodzinne samochodowe wypady z namiotem. Białego garbusa zastąpiła łada w kolorze biel alpejska – szczyt nowoczesności, a za kierownicą zasiadał już ojciec. Na kempingu w Bułgarii w naturalny sposób zrozumiałam kolejną rzecz, która czterdzieści lat później miała rozpalić do alpejskiej białości umysły moich rodaków. Gender! Przez dobre dwa tygodnie doskonale się bawiłam z pewną dziewczynką z Francji, którą poznałam na plaży. Dogadując się na migi, zbudowałyśmy szałas, w którym całymi dniami jako dwie mamy (!) opiekowałyśmy się lalkami, przywiezionymi przeze mnie z Polski. Jakież było moje zdziwienie, gdy pewnego dnia, gdy zmieniałyśmy mokre majtki na plaży, między nogami mojej nowej przyjaciółki błysnął siusiak! Szybko jednak przeszłam nad tym do porządku dziennego, uznając, że skoro tak dobrze się bawimy, to w sumie nie ma znaczenia – chłopak czy dziewczyna. Uważam tak do dzisiaj. I do dziś jestem zdania, że wspólne poznawanie świata, spanie pod namiotem i życie w drodze jest jednym z najlepszych doświadczeń, jakie możemy zafundować naszym dzieciom.

Innym rodzajem podróżowania były ucieczki z mamą. Małżeństwo moich rodziców było burzliwe i borykało się z problemami, których rozwiązania mama upatrywała w regularnych wyprowadzkach z najmłodszymi dziećmi, czyli ze mną i moim bratem, do naszego (a potem mojego) domku w Kościelisku. O ile dla brata, który był wtedy bardzo mały, te wyjazdy nie stanowiły początkowo szczególnej rewolucji, o tyle ja, chodząca już do szkoły, musiałam regularnie przestawiać się i dostosowywać do nowej grupy w co rusz innych placówkach. Pół roku w Warszawie, trzy miesiące w Zakopcu, wakacje i znów to samo, tylko w odwrotnej kolejności i w innych szkołach. W końcu nie wiedziałam już, skąd właściwie jestem, gdzie jest mój pokój i kto jest moją najlepszą przyjaciółką.

Ćwiczenie

Zanotuj odpowiedzi na pytania:
1. *Jakie są twoje najstarsze wspomnienia związane z wyjazdami? Dokąd jechałaś? Z kim? Jakim środkiem transportu? Gdzie nocowaliście?*
2. *Wynotuj pięć ważnych rzeczy, których dowiedziałaś się o ludziach i świecie podczas tych pierwszych podróży.*
3. *Czy którakolwiek z nich straciła na aktualności?*

Buty z błota

Z ciężkim sercem (dobrze, że choć z lekkim plecakiem!) noga za nogą dowlekłam się z dworca autobusowego do zaprzyjaźnionego guest house na zielonych obrzeżach Siem Reap*. Zbliżał się zachód słońca – magiczna chwila w bajecznych ruinach Angkor Wat**, której nie chciałam przegapić. Zameldowałam się, wyściskałam z gospodarzami, którzy nie raz już gościli mnie w swoich progach, po czym, nie tracąc czasu, rzuciłam bagaż w recepcji. Na ulicy złapałam skuter-taksówkę, objęłam w pasie młodego kierowcę i łykając łzy, kazałam się zawieźć do najwyżej położonego punktu widokowego w świątyniach, gdzie zamierzałam podziwiać ten jedyny w swoim rodzaju spektakl i złorzeczyć losowi. Na miejsce, niestety, dotarłam zbyt późno i nie zobaczyłam nic oprócz rozwrzeszczanej wycieczki chińskich nastolatek,

---

* Siem Reap – miasto w północno-zachodniej Kambodży, na Równinie Kambodżańskiej, nad rzeką Siĕm Réab, ośrodek administracyjny prowincji Siĕm Réab. Stanowi punkt wypadowy i zaplecze noclegowe dla turystów chcących zwiedzać położone w pobliżu ruiny Angkor Wat.
** Angkor Wat – największa, najważniejsza i najbardziej znana świątynia w kompleksie Angkor, położonym w prowincji Siĕm Réab w Kambodży. Słowo angkor to miejscowa forma słowa *nokor*, które pochodzi od sanskryckiego słowa *nagara*, oznaczającego miasto. *Wat* to słowo oznaczające świątynię we wszystkich krajach Indochin oraz m.in. w Birmie czy Tajlandii. Słowa *angkor* i *wat* użyte razem oznaczają świątynię miejską. Świątynia Angkor została zbudowana przez Surjawarmana II (1113–1150 r.) ku czci hinduskiego bóstwa Wisznu, z którym, jako władca bóg, król ten się identyfikował. Czas budowy świątyni szacuje się na 32 do 35 lat. Całkowita powierzchnia, razem z murami zewnętrznymi i fosą, wynosi 2,08 km², a najwyższa z wież mierzy 65 m. Na terenie Angkor Wat nakręcono film *Tomb Rider* z Angeliną Jolie.

a wracając po ciemku przez las, skręciłam nogę w kostce. Byłam zmordowana, nieszczęśliwa, zła i jedyne, co trochę mnie pocieszało, to perspektywa khmerskiego* masażu i szklanka zimnego piwa przed snem.

Masażystka była w zaawansowanej ciąży, więc kiedy złapała mnie od tyłu za skrzyżowane ręce, by ucisnąć, co trzeba, gdzieś głęboko pod pachami, dziecko w jej brzuchu zaczęło się wiercić tak gwałtownie, że aż podskoczyłam. Skutek był taki, że do skręconej kostki doszło naciągnięte ścięgno w okolicach barku. Piwo było ciepłe. Po prostu wszystko szło fatalnie.

A zaczęło się tak przyjemnie! W Australii, w parku narodowym, gdzie mój ukochany pracował jako ranger i szef straży pożarnej w jednej osobie. Mój pobyt u niego właśnie się kończył, kończyłam też pisać książkę (swoją część obu książek o Zakopanem *Zakopane odkopane* i *Zakopane, nie ma przebacz!* pisałam głównie w australijskim lesie) i bardzo nie chciałam wyjeżdżać. Z tego to powodu, niesieni falą wzniosłych uczuć, postanowiliśmy z S., że nie będziemy czekać do kolejnej zaplanowanej przez nas wspólnej podróży, która miała nastąpić dopiero za kilka miesięcy, ale spotkamy się wcześniej – w Kambodży i Laosie. S. wybierał się tam na męską wyprawę ze swoim przyjacielem. Żeby wszystko było jasne: oczywiście zapaliło mi się w głowie czerwone światełko i oczywiście głos rozsądku szeptał mi do ucha, że zabieranie się na przyczepkę z dwoma najlepszymi kumplami do Azji może nie być najlepszym pomysłem. Ale wiecie, co hormony robią z człowiekiem. Byłam zakochana, więc każde rozwiązanie, które dawało nadzieję na spędzenie choć odrobiny

---

* Khmerowie, Khmerzy – naród mieszkający w Kambodży (12,1 mln), Wietnamie (ok. 1 mln), Tajlandii (ok. 1,1 mln), USA, Kanadzie, Australii i Nowej Zelandii. Posługują się językiem khmerskim z grupy mon-khmer rodziny austroazjatyckiej. Wyznają buddyzm theravada. Tradycyjny masaż khmerski jest podobny do tajskiego, łączy elementy refleksologii i jogi. Masowana osoba ubrana jest w luźny strój, przez który masażysta uciska i oklepuje wybrane miejsca na ciele.

czasu z obiektem moich westchnień, było na wagę złota. Nawet rozwiązanie bardzo złe.

Podróż do Kambodży i Laosu nie tylko nie była w moich planach – nie miałam na nią kasy, czasu ani pomysłu. Akurat to ostatnie najmniej mnie zajmowało, koncepcję bowiem mieli, a raczej mieli mieć, panowie. Ja zamierzałam po prostu do nich dobić. Był to pierwszy i ostatni raz, kiedy wpuściłam się w coś tak beznadziejnego jak damski udział w męskiej wyprawie!

Daruję sobie opis tytanicznych zmagań, jakie stały się moim udziałem w robocie, by wykroić te trzy tygodnie poza krajem. Zmilczę też, w jak absurdalnie wysokiej kwocie naruszyłam swoją dotąd nienaruszalną rezerwę finansową, by kupić koszmarnie drogi, bo późno rezerwowany, bilet lotniczy. I odpuszczę sobie opowieść o tym, jak zaspałam na lotnisku w Guangzhou w Chinach, gdzie przez czterdzieści minut wywoływano mnie nazwiskiem mojego ostatniego męża, czyli Moritz, które wciąż pokutuje w moim paszporcie (wiem, wiem, powinnam zmienić, ale jak ktoś wychodzi za mąż cztery razy, to te zmiany wychodzą mu bokiem), przez co cała podróż o mało nie wzięła w łeb już na etapie pierwszej przesiadki.

Powiem tylko, że piękny, seksowny S. czekał stęskniony na lotnisku w Siem Reap w Kambodży, po czym zabrał mnie do romantycznego hotelu, gdzie spędziliśmy upojną dobę, wtuleni w siebie i szczęśliwi, że znów jesteśmy razem. I to by było na tyle, jeśli chodzi o przyjemności.

Już drugiego dnia okazało się bowiem, że panowie nie do końca komfortowo czują się z faktem, że im towarzyszę. W każdym razie takie, pozawerbalne, sygnały do mnie docierały. Atmosfera koncertowo się skisiła i mimo zachowania pozorów wesołości cała nasza trójka doskonale zdawała sobie sprawę, że dobrze nie jest. Ponadto przy plecakach chłopaków dyndały wypasione górskie buty, co oznaczało, że w planie jest jakaś ostra wyrypa.

Znając S., człowieka, który dla przewietrzenia się potrafi przejść pieszo całą Tasmanię i wrócić po miesiącu, chudszy o dwadzieścia kilogramów, wiedziałam, że zanosi się na prawdziwy hardcore, o którym wcześniej nie było mowy. A może była, tylko ja, w miłosnym zaczadzeniu, jej nie słyszałam? Jest to, niestety, wysoce prawdopodobne. Tutaj może kogoś zaskoczę, ale prawda o mnie jest taka, że mimo wieloletniego zamieszkiwania w górach i upodobania do włóczęgi nie znoszę ekstremalnych klimatów. Nienawidzę spania z robakami i pokonywania wielu kilometrów pod górę w upale.

Zakosztowałam tych przyjemności z S. w australijskich Górach Flindersa*, gdzie o mało nie wyzionęłam ducha, leząc przez sześć dni z plecakiem pełnym wałowy przez dziewiczy teren. Bardzo dziękuję, wystarczy mi na całe życie. Nie jestem żadną cholerną traperką, zdobywczynią szczytów ani wielbicielką survivalu. W podróżowaniu kocham luz, wolność, poznawanie nowych ludzi i nurkowanie w obcej kulturze. Uwielbiam łazić, snuć się, leżeć w hamaku na werandzie hostelu ze szklanką piwa w dłoni. Kocham pływać, ćwiczyć jogę, chodzić po plaży, medytować, jeździć rowerem na targ i żartować z przypadkowymi ludźmi. Za to nie cierpię wysiłku na granicy wyplucia płuc. Tę prawdę o sobie znam od dawna i znałam także wtedy. Co mnie napadło, by się wybrać w podróż z tymi dwoma zakapiorami, którzy marzyli tylko o rżnięciu dżungli maczetami?

Ale słowo się rzekło. Oni obuci w profesjonalne, półprzepuszczalne, niezniszczalne i w ogóle totalne buty górskie – ja w starych converse'ach. Oni w koszulach i spodniach nasączonych płynem odstraszającym komary oraz superstylowych australijskich kapeluszach – ja w podkoszulku, gaciach z indiashopu i z żałosną

---

* Góry Flindersa – pasmo górskie znajdujące się na terenie Australii Południowej. Ma długość prawie 500 km i zaczyna się na północnym końcu Zatoki Świętego Wincentego. Najwyższy szczyt – Saint Mary's Peak (1190 m n.p.m.).

bandaną na głowie. Oni napaleni na wielką męską przygodę – ja napalona na jednego z nich, marząca tylko o tym, by przy trelach ptaszyn płynąć dżonką po romantycznym jeziorku i wzdychać. Przepis na katastrofę podany na tacy.

Wyprawę w laotańskie góry poprzedziła trwająca trzy dni podróż wszystkimi dostępnymi środkami komunikacji. Dopiero potem znaleźliśmy się w maleńkim miasteczku, z którego nasza ekspedycja miała wyruszyć w teren. Wynajęty przewodnik zmierzył mnie wzrokiem od stóp do głów, po czym zarządził wizytę na targu i zakup długich spodni dresowych, twierdząc, że w tym, co mam na sobie, nie przedrę się przez tropikalne chaszcze i zostanę żywcem zjedzona przez insekty. W ten sposób weszłam w posiadanie najbrzydszej części garderoby, jaką przyszło mi nosić od czasów elektryzującego szkolnego fartuszka w latach siedemdziesiątych – dziecięcych spodni dresowych w kolorze turkusowym, z białymi lampasami po bokach. Były to jedyne dostępne w miasteczku gacie w rozmiarze zbliżonym do mojego, przy czym słowo „zbliżony" nie do końca oddaje rzeczywistość, spodnie bowiem sięgały mi do pół łydki. Moja indyjska drukowana bluzka z długim rękawem została uznana za wystarczająco dobrą, pod warunkiem że nasączę ją miejscowym płynem odstraszającym komary, co uzupełniło moją seksowną stylówę o wybitnie zmysłową perfumę. Przypominam, że pojechałam tam, aby kontynuować akcję rozkochiwania w sobie najprzystojniejszego faceta, jakiego znałam. I znów – pobite gary.

Tak pachnąca i wystrojona, z plecakiem wypełnionym dwudziestoma litrami wody w butelkach (mieliśmy spać w wioskach, gdzie pije się tylko wodę źródlaną, której nie ma gdzie przegotować, a moje wyposażenie na romantyczną podróż nie zakładało zakupu tabletek uzdatniających) wkroczyłam na grząską ścieżkę wiodącą w mroki tropikalnej puszczy.

Nie minęło dwadzieścia minut, a moje sfatygowane, ale dzięki temu bardzo wygodne obuwie tekstylne przeobraziło się w dwie ciężkie grudy błota. Bawełniana koszula z długim rękawem przywarła do mojej spoconej skóry, krępując ruchy i powodując bolesne odparzenia pod szelkami plecaka, a z brzucha dobiegły złowieszcze dźwięki, zapowiadające coś, czego w tych warunkach naprawdę wolałam uniknąć. Gdyby nie poczucie humoru i – mimo wszystko – radość, że S. jest blisko, chyba wycofałabym się z tej wycieczki już na tym etapie.

Kiedy dziś oglądam niesamowite zdjęcia zrobione podczas wędrówki przez zagubione w dżungli wioseczki, z których każda należała do innej mniejszości etnicznej i była odrębnym mikrokosmosem, oczywiście nie żałuję ani sekundy. Mój brak przygotowania mógł jednak skończyć się źle, bardzo źle.

Tylko szczęściu zawdzięczam, że nie połamałam nóg, idąc po śliskich ścieżkach w górę i w dół w swoich przemokniętych i oblepionych błotem buciorach. Naraziłam nie tylko siebie, ale i innych, ponieważ na śmigłowiec laotańskiego GOPR-u w tych okolicznościach przyrody raczej nie mogłabym liczyć. Mogłam koncertowo zepsuć wyjazd całej naszej trójce. To był naprawdę debilny pomysł. Relacja z S., zamiast rozkwitnąć, oczywiście poważnie ucierpiała. Po kilku dniach morderczej wędrówki przez dżunglę i spania w chatach z palmowych liści pokąsani, ale cali i zdrowi zeszliśmy z gór, by odpocząć w przecudnym miasteczku Luang Prabang*. Tam usłyszałam, że kolejnym punktem podróży ma być obserwacja dzikich gibonów w naturze. Wtedy powiedziałam: pas. Przy czym słowo „powiedziałam" należy potraktować jako eufemizm. Tak naprawdę zrobiłam awanturę, strzeliłam gigantycznego focha, po czym, kipiąc świętym oburzeniem, udałam się do najbliższego biura podróży i kupiłam, tfu, KAZAŁAM sobie kupić bilet powrotny do Kambodży.

---

* Luang Prabang – miasto leżące w północnej części Laosu, nad rzeką Mekong. Do 1975 r. było stolicą Laosu. Figuruje na liście światowego dziedzictwa kultury UNESCO.

Po kilku pełnych napięcia dniach zażenowani moim wybuchem panowie udali się w swoją stronę, a ja zostałam sama, wpatrzona w Mekong przepływający pod oknem pokoju, w którym zamiast kochać S., opieprzałam go. Całe szczęście, że Luang jest piękne! Chlipiąc i tocząc z nosa żałosne smarki, zwiedzałam samotnie buddyjskie świątynie, chodziłam na nocny targ i piłam piwo z właścicielem pensjonatu. W dniu odlotu do Siem Reap ten sam właściciel dał mi wałówkę na drogę oraz radę, którą na zawsze wzięłam sobie do serca: Nigdy nie podróżuj na czyichś warunkach! Z czasem wzbogaciłam ją o wniosek, który wyciągnęłam z tej żenującej wyprawy: W podróży nigdy nie udawaj kogoś, kim nie jesteś!

Ostatni tydzień pobytu w Siem Reap upłynął mi na penetrowaniu zakamarków Angkoru i podziwianiu tropikalnego lasu, który dosłownie wrasta w mury starożytnych świątyń. Potężne korzenie gigantycznych drzew, które setki lat temu zadomowiły się w szczelinach i zagłębieniach kamienia, dziś zdają się pożerać ogromne skalne bloki, wsysać je, atom po atomie, do swego wnętrza. Ten jedyny w swoim rodzaju pojedynek natury z dziełem ludzkich rąk rozgrywa się niezmiennie od tysiąca lat, a jego wynik jest z góry przesądzony. Zawsze wygrywa natura.

Siedząc na tarasie hostelu, czytałam zakupiony w miejscowym antykwariacie *Smutek tropików* Lévi-Straussa (w oryginale i w pierwszym wydaniu!), zamawiałam tosty albo amok – pyszną rybę w specjalnym khmerskim sosie curry, podawaną z ryżem na liściach bananowca – i obserwowałam życie ulicy. Gawędziłam z innymi gośćmi, grałam w karty z gospodarzem, a wieczorami chodziłam na masaże do ciężarnej masażystki.

Oczywiście było mi smutno, że moja upragniona podróż z S. zakończyła się awanturą, ale powoli docierało do mnie, że sama sobie tę sytuację zafundowałam i nie pozostaje mi nic innego, jak wysłać pojednawczego maila z przeprosinami i liczyć na to, że ukochany mi wybaczy. Na odpowiedź nie musiałam długo czekać: „W buddyjskim

kraju czuję się buddystą – żyję wyłącznie chwilą obecną, więc już nie pamiętam, co się wydarzyło. Carpe diem. Kocham, S.". Uff.

Dzisiaj, jako nieco bardziej doświadczona podróżniczka, mogę stwierdzić, że jedno z najważniejszych pytań, jakie warto sobie zadawać w życiu, zwłaszcza gdy planujemy coś tak ważnego jak daleki i kosztowny wyjazd, brzmi: Po co? *Why? Pourquoi?* Tylko uczciwe postawienie sprawy pozwoli uniknąć spektakularnej wtopy.

Uwielbiam spędzać urlopy ze swoim przyjacielem. Prawdziwe wczasy z wypoczynkiem pierwsza klasa, podczas których mogę się byczyć, spać całymi dniami, czytać i przewalać z leżaka na koc i z powrotem. Bardzo się lubimy i kiedy zamarzy się nam totalnie wypoczynkowy wyjazd, wynajmujemy coś na spółkę. R. nie znosi włóczęgi po przypadkowych miejscach, więc zawsze wybiera coś sprawdzonego, poleconego, zapewniającego komfort, ciszę i spokój, a ja, powsinoga, wiecznie zmęczona nadmiarem wrażeń, z ulgą podłączam się pod jego wybory. Łapię luz, a powtarzalność i rutyna dają mi ukojenie. Oboje jednak wiemy, że ten układ działa tylko w jedną stronę: o ile ja potrzebuję czasem spokoju i wygody, o tyle R. nie ma najmniejszej ochoty błąkać się ze mną po bezdrożach. Dlatego, choć za sobą przepadamy, nigdy nie wyruszamy razem z plecakami w świat – dla naszego wspólnego dobra i trwałości pięknej przyjaźni. Nie namawiam go, nie zachęcam, nie przekonuję. To samo dotyczy zakochanych! Jeśli twój facet uwielbia wspinaczkę i zamierza przez dwa tygodnie „łoić" ściany na wyspie Kalymnos, tymczasem ty nie cierpisz siedzenia w upale i gardzisz sobą w roli psychofanki łojanta – NIE JEDŹ! Nie naginaj się i nie zmuszaj. Nie licz na to, że facet, który jest nakręcony na męską przygodę, porzuci ją dla miziania się z tobą na plaży. Nie, nie porzuci. A jeśli nawet to zrobi, będzie żałował. I odwrotnie. Nie ma nic bardziej żałosnego niż pary, które nieustannie kłócą się w podróży. Ona chce tu, on gdzie indziej. Ona struga księżniczkę, on macho – albo odwrotnie (oj, znam ja te męskie księżniczki fochny!). Koszmar, makabra, dżungla w Laosie i buty z błota!

Ćwiczenie

Zapisz co najmniej dziesięć rzeczy, które kochasz w podróżach. Nie ograniczaj się! Na mojej liście są: poczucie oderwania od rutyny, wyostrzenie zmysłów, niedrogie i smaczne jedzenie, joga i masaże, kontakt z przyrodą, rozmowy z nieznajomymi, zawieranie nowych przyjaźni (mam kontakt z większością ciekawych osób, które poznałam w podróży), siedzenie na krawężniku z butelką miejscowego piwa i łażenie po bazarach.

A teraz zapisz co najmniej dziesięć rzeczy, których w podróżach nie znosisz. Ja nie cierpię: dźwigania ciężkiego bagażu, zimna, ekstremalnego wysiłku, wielkich hoteli, wycieczek w towarzystwie ludzi, którzy nie rozumieją, gdzie są, głośnej muzyki, pijackich imprez, strojenia się, oglądania dzikich zwierząt w niewoli i widoku starych, białych dziadów, chodzących za rączkę z miejscowymi dziewczynkami i chłopcami.

Teraz przeczytaj swoją listę i zastanów się, czy kierunek wymarzonej podróży, miejsca, w których będziesz spać, i towarzystwo, jakie wybierzesz, zapewnią ci to, czego szukasz, i nie narażą na którąś ze znienawidzonych aktywności.

Nie oszukuj się – jeżeli nie znosisz długiej jazdy rozklekotanym busem, masz chorobę lokomocyjną albo panicznie obawiasz się wypadków drogowych, daruj sobie objazdówkę po Wietnamie czy Indiach. Kraje te równie dobrze można zwiedzać, stacjonując w wygodnych hotelach i robiąc krótkie, jednodniowe wypady z gwarancją kolacji w klimatyzowanym wnętrzu i nocy w wygodnym łóżku. Podróż to nie czas na eksperymenty. Jeżeli źle się czujesz, nie wiedząc, gdzie będziesz jutro spać, stwórz sobie szczegółowy plan i trzymaj się go. Gdy zaś jesteś, jak ja, włóczęgą, mającą w plecaku dwa T-shirty i parę starych dżinsów, nie pakuj się do hotelu dla bogaczy. Słowem: rozpoznaj swoją podróżniczą naturę i zawsze bądź z nią w zgodzie.

Nie idealizuj swoich możliwości. Jasne – w świecie moich rojeń o potędze i fantazji o wielkiej przygodzie ja też chciałabym być zdobywczynią Himalajów, jednak prawda jest taka, że kiedy w Nepalu wylazłam na wysokość czterech tysięcy metrów, dostałam takiej migreny i spuchłam tak, że miałam ochotę już tylko strzelić sobie w łeb. Moja córka Ala, którą tam odwiedziłam, mająca znacznie większe niż ja doświadczenie w wysokich górach, jednym spojrzeniem oceniła mój stan jako fatalny i zarządziła natychmiastową ewakuację na mniejszą wysokość. Przez całą drogę powrotną do Katmandu zwisałam żałośnie przez okno autobusu, puszczając pawia za pawiem i modląc się, by ten koszmar nareszcie się skończył. Od tamtej pory wiem, że choroba wysokościowa jest jednym z moich poważnych ograniczeń. I ta świadomość jest w porządku. Po prostu nie pcham się na siłę w skrajnie wysokie rejony i już.

O tym, że wyjazdy bez wcześniejszego odpowiedzenia sobie na pytanie „po co?" są szkodliwe, głupie i złe, mogłam się przekonać po raz kolejny, kiedy nieopatrznie podzieliłam się kontaktami zdobytymi w Kambodży i Laosie z moją zamożną znajomą. Pamiętacie babkę, która zazdrościła mi, że mam kasę na podróże, podczas gdy sama wydawała majątek na markowe ciuchy? Otóż kiedy po powrocie z Kambodży zaprosiłam kilka osób, w tym ją, do siebie na khmerską kolację (z podróży zawsze przywożę przepisy i lokalne przyprawy), usłyszałam:

– Och, Lolu! Jadę tam, mam już bilet! Chcę jak ty, tam gdzie ty, w twoim stylu! Tylko poleć mi jakieś miejsca do spania!

W moim stylu? Czyli „na lekko", niedrogo i poza szlakiem? Okej!

Jest dorosła, chce namiary, to je dostanie, pomyślałam, po czym sięgnęłam po jeden ze swoich drogocennych notesów, w których za pomocą kleju i scotcha umieszczam wizytówki i krótkie recenzje wszystkich miejsc, w których zdarzyło mi się spać i jeść.

Wolę nie wnikać w to, co się wydarzyło podczas tej podróży – dość powiedzieć, że zaraz po powrocie znajoma oświadczyła, iż polecony przeze mnie (uroczy!) hostel w Siem Reap to syf i malaria. Brak klimy! Małe pokoje! W karcie trzy dania na krzyż! Na tarasie podejrzane typasy z plecakami palą trawkę, a jeden pijany to nawet dobijał się w nocy do jej drzwi! Ona zamierza temu przeciwdziałać! Ona umieści miażdżącą, ale to **miażdżącą** opinię na wszystkich serwisach podróżniczych, na których figuruje ów koszmarny obiekt!

Pociemniało mi przed oczami. Hostel, o którym mowa, jest krwawicą, owocem wielkich wyrzeczeń trzech pokoleń rodziny, która wkłada w jego prowadzenie całe serce. Jak na miejsce za czternaście dolców za noc w pokoju z łazienką i śniadaniem – panują w nim rewelacyjne warunki.

Kobieta, która koniecznie chciała podróżować „w moim stylu", najwyraźniej nie zwróciła uwagi na brak co najmniej jednego zera na rachunku i ubzdurała sobie, że zwykła gospoda powinna spełniać standardy pięciogwiazdkowego hotelu. Na tej podstawie, siedząc na skórzanej kanapie w luksusowym apartamencie w środku Europy, zamierza teraz zgnoić i pozbawić dobrego imienia ludzi, którzy całą rodziną muszą żyć przez miesiąc za tyle, ile ona wydaje na jedną kolację w knajpie.

Nie wszyscy o tym wiedzą, ale już jedna zła opinia na portalu podróżniczym albo w serwisie rezerwacyjnym potrafi przynieść ogromne straty. Z największym trudem przekonałam znajomą, by jej nie umieszczała. Więcej się nie spotkałyśmy, a od tamtej pory dwa razy się zastanawiam, gdy ktoś prosi mnie o podróżnicze namiary.

Zanim „zmiażdżysz" i „zaorzesz" w necie miejsce, w którym przyszło ci spać podczas podróży, zadaj sobie, proszę, jedno magiczne pytanie: Po co tam pojechałam? Dobrze sprawdź, gdzie będziesz nocować, i porównaj stosunek ceny do warunków w innych obiektach tego typu. Podróże z plecakiem na drugi koniec świata, gdzie trzeba się tłuc rozklekotanym busem po krętych drogach, jeść byle co, walczyć z biegunką i spać w naprawdę spartańskich warunkach, to NIE SĄ WAKACJE w obiegowym znaczeniu tego słowa. Nie, nie, nie. Jest wręcz przeciwnie!

Taki wyjazd często jest bardzo wyczerpujący – i fizycznie, i psychicznie. Dla kogoś, kto intensywnie pracuje zawodowo i ma zaledwie trzy tygodnie urlopu na naładowanie baterii, ekstremalny wypad w tropiki może się okazać pomysłem, delikatnie mówiąc, karkołomnym. Dokładnie tak samo jak pakowanie się na Orlą Perć prosto zza biurka – bez zaprawy i kondycji.

Pracując w Zakopanem jako reporterka radiowa, dziesiątki razy miałam nieprzyjemność relacjonować akcje ratowania turystów, którzy przeliczyli się ze swoimi możliwościami i wymarzone wakacje skończyli w najlepszym wypadku w gipsie, a najgorszym – w kostnicy. Przepraszam, że tak z grubej rury, ale turystyka, nawet z pozoru bardzo niewinna i masowo uprawiana, bywa śmiertelnie niebezpieczna. Myśląc o włóczędze z plecakiem – nieważne, w Bieszczadach czy w Himalajach – trzeba się solidnie przygotować.

Nasze, europejskie, organizmy są przyzwyczajone do życia w sterylnych warunkach. Sport uprawia się tu w specjalnych strojach, butach i salach z filtrowanym powietrzem, a zaraz po zakończeniu treningu biegnie się pod prysznic, pije napoje izotoniczne, łyka suplementy oraz spożywa posiłki przygotowane w warunkach, jakich nie powstydziłaby się niejedna sala chirurgiczna. Nawet flejowata kuchnia w średnio rozwiniętym europejskim kraju, w porównaniu z większością kuchni świata, jest sterylna, a to z tego prostego powodu, że z kranu leci bieżąca, najczęściej ciepła woda.

A skoro już przy tym jesteśmy – jedną z pierwszych spraw, które koniecznie trzeba zweryfikować, myśląc o podróżowaniu, jest nasze, europejskie, podejście do H_2O. Z punktu widzenia dowolnego mieszkańca jakiegokolwiek kraju, w którym dostęp do pitnej

wody jest utrudniony, to, co wyczynia z wodą przeciętny mieszkaniec wysoko rozwiniętej części świata, jest czystym szaleństwem i orgią marnotrawstwa. Z jednej strony marnujemy wodę każdego dnia, biorąc codzienne obfite kąpiele, spuszczając ją w toalecie i piorąc na potęgę nawet zupełnie czyste rzeczy, z drugiej – butelkujemy ją i sprzedajemy za gruby szmal, przy okazji wytwarzając niewyobrażalną ilość śmieci, które dosłownie zasypują świat. No cóż, jesteśmy stuknięci. Jednak zmierzam nie do tego, a do przywołania faktu, że jesteśmy pozbawieni odporności na zmęczenie, mikroorganizmy, odwodnienie, brud, smród i ubóstwo.

Wiele z „wymarzonych" kierunków podróżniczych to miejsca, gdzie możemy mieć absolutną pewność, że nasze oczy zobaczą z bliska to, od czego przeciętny mieszkaniec bogatszych stron świata lubi je odwracać: choroby, głód, ludzie koczujący pod gołym niebem, praca i prostytucja dzieci, dręczenie zwierząt. Są tacy – i jest ich niemało – którzy oglądanie takich zjawisk mylą z wizytą w ogrodzie zoologicznym (swoją drogą tego też nie polecam).

W zamieszkanym przez ponad dwadzieścia dwa miliony ludzi Mumbaju, zwłaszcza po kasowym sukcesie filmu *Slumdog. Milioner z ulicy*[*], niezwykle popularna stała się wycieczka zwana slumtour, czyli zwiedzanie położonej w samym centrum miasta dzielnicy biedy Dharavi, którą zamieszkuje ponad milion osób. Żyje się tam za mniej niż dolara dziennie, bez dostępu do bieżącej wody i elektryczności. Organizatorzy bronią tej, delikatnie mówiąc, kontrowersyjnej atrakcji turystycznej, utrzymując, że lwia część zysków z niej jest przekazywana na nauczanie najbiedniejszych dzieci. Podobno nie wolno też robić tam zdjęć. Osobiście nie wierzę ani w jedno, ani w drugie. W mediach społecznościowych roi się od radosnych selfie białasów na tle indyjskiej nędzy,

---

[*] *Slumdog. Milioner z ulicy* – brytyjski melodramat w reżyserii Danny'ego Boyle'a. Scenariusz filmu autorstwa Simona Beaufoya oparty został na kanwie powieści *Slumdog. Milioner z ulicy* autorstwa indyjskiego pisarza i dyplomaty Vikasa Swarupa.

a zyski... cóż. Mumbaj mafią stoi, a listków figowych u nich dostatek. Gapienie się na skrajną biedę zza szyb klimatyzowanego busa i bezwstydne fotografowanie jej jest, moim skromnym zdaniem, niegodne cywilizowanego człowieka. Co innego, kiedy z szacunkiem i elementarną wiedzą o kulturze miejsca, w jakim przebywamy, wędrujemy, zwiedzamy, poznajemy i dzielimy się tym, co mamy, dając zarobić miejscowemu małemu biznesowi. Poznajemy i dajemy się poznać. Nawiązujemy prawdziwy kontakt z ludźmi, a nie obserwujemy ich, jakby byli preparatem umieszczonym pod mikroskopem.

Czy jest jakiś sposób na to, by przygotować się na ten szok biologiczno-kulturowy? Jest – i to bardzo prosty, choć wymagający skojarzenia działań na kilku płaszczyznach.

Po pierwsze trzeba czytać i oglądać filmy dokumentalne o miejscu, do którego się wybieramy. Polska edukacja jest w żenujący sposób wyjałowiona z nauki o innych kulturach, a media informacyjne prawie nie mówią o tym, co się dzieje na świecie. Nasz obraz rzeczywistości jest przez to ograniczony, by nie powiedzieć – wypaczony, a my sami, na tle innych narodowości, nawet przy dobrych chęciach i zupełnie nieświadomie, zdradzamy dramatycznie rasistowskie zapędy.

Po drugie trzeba zadbać o formę fizyczną. Zmiana strefy czasowej, diety i klimatu nie będzie szokiem dla zdrowego organizmu, przyzwyczajonego do wysiłku. Jednak paląco-pijąco-siedzący człowiek z nadwagą, nadciśnieniem i kłopotami z odpornością może mieć poważny problem z aklimatyzacją.

Po trzecie należy wykonać wszystkie konieczne szczepienia rekomendowane dla danego regionu i zrobić to z odpowiednim wyprzedzeniem.

Mam jeszcze dwie rady dla pragnących mocnych wrażeń w świecie wielkiej biedy: przed wyjazdem warto wybrać się do tak zwanych złych dzielnic w swojej okolicy. Zjeść posiłek w miejscowym barze, kupić coś od handlarza starzyzną, spojrzeć w oczy dzieciaków, które potrzebują pomocy – nie mniej niż te na przykład w Mumbaju. Jeśli chcemy kozaczyć i wędrować po miejscach, w których ludzie żyją za dolara dziennie, warto sprawdzić, czy musimy ich szukać w dalekiej Azji albo Afryce. A potem wejść na stronę jednej z polskich organizacji pomagających najbiedniejszym i zrobić przelew. Poznawanie świata zaczyna się tuż za progiem bezpiecznego domu.

Inna, czyli ja

Była połowa czerwca 1987 roku. Spakowałam, co miałam, i pod pozorem wyjazdu na wakacje do zaprzyjaźnionej polskiej rodziny zamieszkałej w Paryżu dałam dyla z domu i ze szkoły. Miałam szesnaście lat. O przyczynach i skutkach tego przedwczesnego wejścia w dorosłość w obcym kraju i mieście napisałam już w swoich poprzednich książkach[*] i sporo opowiedziałam w wywiadach. Ta narwana, kompletnie nieodpowiedzialna wyprawa w nieznane była dla mnie progiem, po którego przekroczeniu nic już nie było takie jak dawniej. Ja także.

Pięć lat w Paryżu zrobiło ze mnie po części Francuzkę i po całości twardzielkę. Aby przetrwać, musiałam bowiem perfekcyjnie opanować język i imać się najróżniejszych zajęć – od zmywaka po jeżdżenie na szmacie w domach strasznych paryskich mieszczan. Tam ukształtował się mój lewicowy światopogląd, obudziły feminizm i niezgoda na wykluczenie czy rasizm.

Ponieważ wyglądałam wtedy mało wyjściowo – z dziobatą, trądzikową cerą, kretyńską trwałą à la Miś Colargol, we wściekle zielonej sztruksowej kurteczce, również wykończonej misiem – kolega, który odebrał mnie z lotniska i użyczył na pierwsze dni pobytu swojej kawalerki w 14. dzielnicy Paryża, długo unikał przedstawienia mnie swoim znajomym. Zostałam sama w pustym, świeżo odmalowanym mieszkaniu, w którym jedynym meblem był rzucony na podłogę materac. W kieszeni miałam sto dolców. W głowie siano.

[*] *Kalendarzyk niemałżeński; Na błędach! Poradnik – odradnik; Jeszcze czego!*

Rozejrzałam się, otworzyłam okno najszerzej, jak mogłam, usiadłam po ciemku na materacu z niemądrze rozdziawioną buzią i słuchałam, jak miasto pulsuje nieregularnym trzaskaniem odległych drzwi, krokami na podwórku, przyciszoną rozmową w obcym języku, śmiechem ludzi.

Nieważne, czy masz siedemnaście czy siedemdziesiąt lat, pierwsze chwile w nowych stronach zawsze są magiczne. Każde miejsce na ziemi ma swój niepowtarzalny zapach, własny szum i jedyne w swoim rodzaju światło. Dzisiaj, kiedy mam tego świadomość, delektuję się nimi, jakby były nową potrawą. Wtedy, w pustym paryskim mieszkaniu, dopiero to odkrywałam i na chwilę zamieniłam się w coś w rodzaju żywej anteny. Chłonęłam i przepuszczałam przez siebie dosłownie wszystko.

Zasnęłam, nie zdejmując butów i plecaka (tego samego, z którym jeszcze tydzień wcześniej pomykałam do szkoły). Obudził mnie rytm wybijany na bębnach w mieszkaniu tuż pode mną. Napiłam się wody z kranu, wskoczyłam pod prysznic, zmieniłam ciuchy i ruszyłam poznawać okolicę. Drzwi do mieszkania piętro niżej były uchylone, a wydobywająca się z nich smuga dymu zdradzała, że sąsiad lubi palić skręty. To on grał na bębnie. Co robi w takiej sytuacji nastolatka, która zerwała się ze smyczy? Oczywiście chce się przyłączyć!

Sąsiad okazał się uroczym, czarnoskórym rastamanem, który trochę ćpał, był jednak na tyle rozsądny, że zmierzywszy moją chudą postać – od debilnej, spalonej trwałą czupryny po przechodzone tenisówki – stanowczo pokręcił głową. Za to poczęstował mnie kawą i wypytał łamaną angielszczyzną o to, skąd przybywam i jakie mam plany.

Nie zliczę, ile razy później częstowali mnie trawką i znacznie mocniejszymi używkami biali, dobrze sytuowani panowie – producenci filmowi, znani i szanowani męscy przedstawiciele polonijnej śmietanki towarzyskiej i bogobojni tatusiowie rodzin na chwilowym wypadzie do klubu. Odmawiałam, ponieważ bardzo szybko zdałam sobie sprawę, że jeśli chcę przetrwać na emigracji, muszę się trzymać z daleka od narkotyków i facetów, którzy podtykają mi je pod nos. Przy tej okazji apeluję do wystraszonych rodziców, którzy nie śpią po nocach, kiedy ich dorastające dzieci wybierają się z plecakiem na wakacyjną wędrówkę po bezdrożach. Uwierzcie mi! Jeżeli chodzi o narkotyki i wykorzystanie seksualne, daleko większe niebezpieczeństwo czyha na wasze pociechy w modnych miejskich klubach tuż pod waszym nosem, gdzie grasują seksualne drapieżniki w garniturach, niż w towarzystwie popalających marihuanę luzaków walących w bębny.

Pierwsze miesiące w Paryżu były dla mnie, smarkuli wychowanej w homogenicznie białej, katolickiej i komunistycznej Polsce, wielką i niesamowitą szkołą życia. Dzielnica, w której mieszkałam, znajdowała się na południowym krańcu bodaj najdłuższej linii paryskiego metra Porte d'Orleans – Porte de Clignancourt. Przy moim Porte d'Orleans przeważała pracująca, średnio zamożna, typowo europejska klasa średnia, wystarczyło jednak dwadzieścia minut pod ziemią na północ i człowiek lądował w Afryce. Jeśli zaś odskoczyć odrobinę na wschód – już Azja, czyli 13. dzielnica, zamieszkana przez bardzo liczną społeczność z Dalekiego Wschodu, pełna ponurych, niepokojących betonowych wieżowców, zupełnie nielicujących z resztą miasta, zdobnych w poplamione sztuczne czerwone jedwabie miniknajpek oraz wielkich stołówek, które wkrótce miały się stać i moją jadalnią.

Ogromna micha zupy pho[*] z makaronem, ziołami i warzywami za dziesięć franków pod względem rozmiarów i smaku mogła konkurować jedynie z kuskusem serwowanym niedaleko Hal, w kantynach dla robotników rodem z Algierii, Tunezji i Maroka.

---

[*] Zupa pho – wietnamski rosół gotowany na wołowinie, ma bardzo intensywny, bogaty aromat.

Kasza, warzywa, ostra kiełbaska merguez i paląca harissa*. Smak, który od lat nadaremnie staram się przywołać w swojej kuchni. Niby wszystko robię, jak należy, znam proporcje i mam właściwe przyprawy, ale jednak to nie to samo. Pewnie dlatego, że wtedy wszystko smakowało wolnością i egzotyczną przygodą.

Na prawo od Hal – Le Marais, żydowska ulica Rosiers, która miała się stać moją słodką, kulinarną przystanią w chwilach tęsknoty za domem, ponieważ to tam można było (i tak jest do dziś) zjeść pyszny makowiec czy sernik. Mogłabym tak wymieniać jeszcze długo, ponieważ każda dzielnica Paryża to odrębny mikrokosmos. Każda ma swoje rytuały, własny targ, odrębny zapach, kolor i styl. Poznawanie ich, na ogół pieszo, solo i na głodniaka, było moją pierwszą podróżą dookoła świata i uświadamiało mi, że przybywam z miejsca, w którym ludzie nie mają pojęcia o tej niesamowitej różnorodności. I że, jasna cholera, w moim świecie panuje straszliwy, bezwzględny i powszechnie tolerowany rasizm. Szlag to!

Patrząc w ciemne, aksamitne oczy afrykańskich kobiet, strojnych w batikowe suknie i turbany, wędrujących po ulicach z dziećmi na plecach, czułam zarazem zachwyt i... coś dziwnego, czego chyba do dziś nie potrafię nazwać. Odczucie zbliżone do wstydu, zażenowanie, że nic nie wiem o tych ludziach. Że nikt nigdy – w szkole ani w domu – nie opowiadał mi o ich kulturze. Że jedyni czarnoskórzy mający wstęp do naszego kręgu rodzinnego, i to wyłącznie w formie ścieżek dźwiękowych, to Ella Fitzgerald, Louis Armstrong, Miles Davies i jeszcze kilku amerykańskich muzyków. Dlaczego nie wiem, skąd się biorą tatuaże na twarzach drobniutkich starych Marokanek? Dlaczego i przy jakich okazjach malują

---

* Harissa – pasta wytwarzana z papryki chili i czosnku, często też z kolendrą, kminkiem zwyczajnym i kminem rzymskim (kuminem) oraz oliwą. Czasem zawiera pomidory. Może mieć postać proszku lub mieszanki powyższych składników do mielenia w młynku. Tradycyjny dodatek do potraw w kuchni tunezyjskiej i innych krajach Maghrebu.

na swoich dłoniach wzorki z henny? Co to znaczy, że czyjaś rodzina pochodzi od *boat people**? Czym się różni Pakistańczyk od Hindusa? Kim jest sikh**? To Irańczycy nie mówią po arabsku? Co ich wszystkich sprowadziło do Europy? I dlaczego, kiedy mówię niektórym, że jestem z Polski, od razu posądza się mnie o antysemityzm?

Poziom mojej niezamierzonej ignorancji wprawiał mnie w straszliwe zakłopotanie. Przecież pochodzę z wykształconej rodziny, mogącej się poszczycić bardzo bogatym księgozbiorem! Chodziłam do dobrej szkoły, w której uczono geografii, oglądałam telewizję, a w niej legendarny program Elżbiety Dzikowskiej i Tony'ego Halika *Pieprz i wanilia*, pokazujący dalekie kraje i ich pięknych mieszkańców. Jakieś kulturoznawcze wątki zapamiętałam też z opowieści o Eskimosach w książkach Aliny i Czesława Centkiewiczów, które były w kanonie lektur szkoły podstawowej. I to by było na tyle. Za mało.

---

* *Boat people* (ang.) – 'ludzie łodzi'; termin określający uchodźców lub emigrantów, którzy starają się opuścić kraj zamieszkania drogą wodną, najczęściej za pomocą wyeksploatowanych, prowizorycznych lub nawet własnoręcznie wykonanych jednostek pływających (niewielkich statków, łodzi, tratw itp.). Pierwotnie określenie to odnosiło się do mieszkańców Kambodży, Laosu, a zwłaszcza Wietnamu po zakończeniu wojny wietnamskiej, którzy prześladowani byli przez władze z powodów politycznych, ideologicznych lub etnicznych. Dodatkowym czynnikiem zachęcającym do emigracji była trudna sytuacja ekonomiczna. Wybuch wojny chińsko-wietnamskiej w 1979 r. i represje wobec chińskich mniejszości narodowych w Wietnamie wywołały nową falę tego zjawiska. Również w sąsiedniej Kambodży działalność ludobójczego reżimu Czerwonych Khmerów wymuszała podejmowanie desperackich prób opuszczenia kraju.

** Sikhizm – ruch religijny powstały w Indiach w prowincji Pendżab. Jego inicjatorem był Guru Nanak. Obecnie na świecie jest ok. 25 milionów wyznawców tej religii (sikhów) – żyją oni głównie w indyjskim Pendżabie, ale mają też kilkumilionową diasporę rozsianą po krajach dawnego Imperium Brytyjskiego i w USA. Najważniejszym miejscem kultu jest Złota Świątynia w Amritsarze, w której przechowywany jest oryginał świętej księgi sikhów, zwanej Sri Guru Granth Sahib.

Wtedy nie miałam pojęcia, że kiedyś Polska też była krajem wieloetnicznym. Fakt, gdy byłam mała, babcia opowiadała mi jakieś anegdotki z życia codziennego przed wojną. W jednej z nich pojawił się nawet wierszyk, z którego się zaśmiewałam i który pamiętam do dziś. Aby go zacytować, muszę jednak zrobić króciutki wstęp. Mój, zdaje się, prapradziadek podobno miał w ogrodzie oswojoną wiewiórkę, którą pewnego dnia upolował dla skórki mieszkający w sąsiedztwie Żyd o nazwisku Mech (babcia używała słowa „żydek"). Sprawa się sypnęła, a prapradziadek zażądał od winowajcy przeprosin na piśmie. Wówczas powstało takie oto rymowane dzieło:

Żyd Mech
niechaj będzie zdech,
bo zabił pańskiego pociechy,
co wygryzowało orzechy!

Dzięki Kabaretowi Dudek, dla którego mój ojciec pisywał teksty, znałam pojęcie szmoncesu i wiedziałam, co znaczy „żydłaczyć". Z zachwytem przeczytałam *Ziemię obiecaną* Reymonta, obejrzałam *Skrzypka na dachu* w gdyńskim Teatrze Muzycznym i kilka razy odwiedziłam z rodzicami Teatr Żydowski. Jednak to wciąż zbyt mało, by nabrać świadomości, że należę do pierwszego pokolenia, które na własne oczy nie widziało wielonarodowej Polski. Nic nie wiedziałam o Łemkach czy polskich Tatarach. Nie znałam nie tylko historii kolonializmu na świecie, ale też dziejów wieloetniczności w Polsce.

Jako czternastolatka zagrałam w filmie Andrzeja Wajdy *Kronika wypadków miłosnych*, który opowiada o utraconym bezpowrotnie raju wielonarodowych kresów. Żadnemu z dorosłych twórców tego filmu nie przyszło jednak do głowy, by wyjaśnić nam – dzieciakom, które w nim grały – o czym naprawdę opowiadaliśmy.

Dzisiaj, czyli dokładnie trzydzieści lat później, po upadku komuny i wejściu Polski do struktur Unii Europejskiej, wcale nie jest lepiej. Młodym ludziom szkoła nadal nie tłumaczy różnic kulturowych. W polskich mediach świat poza Stanami, Rosją i Ukrainą praktycznie nie istnieje, a jeśli już, to w formie potwornych zdjęć ofiar zamachów terrorystycznych na jakichś odległych bazarach, pogrążonych w kurzu i zapomnieniu, które już dawno na nikim nie robią wrażenia. Trzeba przyznać, że Polska okazała się bardzo pilną uczennicą amerykańskich speców od komunikacji, którzy od czasów Wietnamu do perfekcji dopracowali taki sposób mówienia o cywilnych ofiarach swoich poczynań militarnych w różnych częściach świata, by dało się przy tym spokojnie przeżuwać kolację, nie obawiając się niestrawności. Zza zasłony umiejętnie dobranych związków frazeologicznych nie widać nieprzyjemnych szczegółów. Pamiętacie *collateral damage* – słynne straty kolateralne, czyli zbitkę słowną wymyśloną przez speców od PR-u z NATO w 1999 roku podczas wojny w Kosowie? Miała ona odwrócić uwagę od tragedii chybionych bombardowań, w których zginęły tysiące cywilów. W ten sposób opisywane zabijanie traktowane jest jako techniczny efekt uboczny działań wojennych. Warto zwrócić uwagę na słowa, jakimi media opisują śmierć i cierpienie w krajach odległych kulturowo, i porównać je z tymi służącymi do przedstawienia podobnych zdarzeń w naszym, zachodnim kręgu cywilizacyjnym. Włączając polskie wieczorne programy informacyjne, daremnie będziemy oczekiwać wieści z Indii, Chin, krajów Afryki czy Ameryki Południowej. To szokujące w erze globalizacji, kiedy wszystko jest ze wszystkim bezpośrednio powiązane.

Orkę na tym przerażającym polskim ugorze od lat cierpliwie uprawiają organizacje pozarządowe, podróżnicy i reporterzy, ale owoce ich pracy rzadko trafiają do szerszej publiczności. A gdzie korespondenci z odległych miejsc? Gdzie ambitny dokument? Trudne pytania i wybitni eksperci poszukujący na nie

odpowiedzi? Są – w płatnych kanałach, takich jak Discovery, Planète czy National Geographic, i w internecie. Tylko dla tych, którzy chcą i potrafią szukać.

Brak powszechnego dostępu do zrównoważonej, mądrze podanej informacji, do edukacji o tym, jak bardzo zróżnicowany kulturowo jest świat, ma w Polsce przerażające skutki. Wystarczy wejść na pierwsze lepsze forum internetowe i wrzucić dowolnej treści post o uchodźcach, by już po kilku sekundach, jak opiłki żelaza do magnesu, zleciały się setki skrajnie rasistowskich komentarzy, których wspólną cechą jest zerowy poziom rozeznania w czymkolwiek, co dotyczy różnorodności kulturowej.

Każdy dzień przynosi nowe doniesienia o napaściach na tle ksenofobicznym. W słowniku Polaków na dobre zagościło słowo „ciapaty". Zwykli ludzie, którzy nigdy w życiu nie doświadczyli krzywdy od osoby obcej narodowości, fantazjują o witaniu uchodźców seriami z kałacha i gazowaniu ich w Oświęcimiu, a w Święto Niepodległości rozjuszony tłum narodowców spod znaku ONR pali flagi innych państw.

Kiedy w latach dziewięćdziesiątych wróciłam z Francji i podjęłam pracę w radiu TOK FM, jedną z pierwszych swoich audycji poświęciłam pytaniu, które nie dawało mi wtedy spokoju: Dlaczego, przygotowując kraj do wejścia w struktury UE, nie prowadzi się żadnych akcji społecznych i edukacyjnych, które miałyby na celu edukację obywateli w dziedzinie wielokulturowości? Tyle było gadania o dostosowywaniu prawa, zwalczaniu korupcji i koniecznych reformach, a nie zrobiono absolutnie nic, by wraz z granicami otworzyć polskie głowy? Zaproszeni przeze mnie do studia goście – prominentni politycy – wili się w pokrętnych wyjaśnieniach, a ja myślałam tylko o tym, że ci ludzie na stanowiskach, którzy mają wprowadzić nasz kraj do wspólnoty europejskiej, są nadętymi ksenofobami, że nie mają najmniejszej świadomości, jaka przyszłość czeka nasz kraj, kiedy się wzbogacimy i to do nas zaczną ciągnąć „nędzarze" z czterech stron świata w nadziei na lepsze życie. Kilkanaście lat później w polskim sejmie Jarosław Kaczyński mówił o obcych roznoszących choroby i pasożyty, a liczba ataków na tle ksenofobicznym osiągnęła skalę niespotykaną w powojennej historii Polski.

Aby jednak nie być jednostronną, muszę przyznać, że kolonialne, przesycone pogardą podejście do innych kultur pielęgnują w sobie przedstawiciele całej białej rasy, a najlepszym na to dowodem jest nasza obsesja na punkcie cen, które w takiej Azji Południowo-Wschodniej czy w Ameryce Południowej w naszym przekonaniu – MAJĄ BYĆ NISKIE. Plażowe imprezownie, ciągnące się wzdłuż porośniętych palmami wybrzeży świata, tak bardzo upodobniły się do siebie w ostatnich latach, że to już właściwie bez różnicy – Jamajka, Bali czy Majorka. Ma być głośno, ma się lać piwo, mają być fryty, burgery, pizza, stragany przepełnione chińszczyzną oraz wi-fi.

Wsłuchując się w dyskusje prowadzone przy stolikach i barach tropikalnych rajów, dochodzę do ponurego wniosku, że przebywający tam na wywczasie przedstawiciele bogatszej części globu borykają się z jednym podstawowym problemem: dlaczego nie jest jeszcze taniej? Dziewięćdziesiąt minut profesjonalnego masażu na Bali kosztuje dziesięć–trzynaście dolarów. Trwająca tyle samo prywatna sesja jogi to podobny koszt. Taniej niż w Polsce, Francji czy USA, ale jednak nie za darmo! „A właściwie dlaczego nie?", zdają się pytać szeroko otwarte oczęta oburzonych klientek, które do upadłego targują się o kwoty rzędu pięćdziesięciu centów. Czy przyszłoby im do głowy dyskutować z cennikiem usług we własnym kraju, dążąc do „urwania" choćby złocisza z sugerowanej kwoty? Nie sądzę. Nie po to jednak białas z białaską zapłacili za bilety lotnicze, aby na miejscu wydawać jeszcze pół tej ceny na żarcie i usługi! „Ma być taniej, to przecież Trzeci Świat!", żalą się turystki, obwieszone markowymi gadżetami. „W takiej Kambodży masaż i jogę masz za piątaka! A tu zdzierają jak za zboże!". W paniusiach i panach z tak zwanego lepszego świata buzuje pragnienie, aby „lokalsi" nie tylko gięli się w usłużnych pozach na każde ich skinienie, ale też by wykonywali swoją robotę za friko. Albo za symbolicznego dolara. *One dollar only* jest zaklęciem, które przywołuje na blade (choć chwilowo buraczkowe) twarze uśmiech aprobaty. No, tyle to się wydaje z przyjemnością! Tyle to nawet celebryci z *Azja Express* potrafią wybulić! Klasa!

W Nepalu byłam świadkiem aktu oburzenia pewnego francuskiego dandysa górskiego, wyszykowanego jak do kręcenia reklamy ciuchów i gadżetów z najwyższej półki. Człowiek ów był przekonany, że miejscowy przewodnik powinien zabrać go w Himalaje za dwieście dolarów i jeszcze zorganizować w ramach tej ceny parkę dzieciaków do dźwigania plecaka. Facet był szczerze zdziwiony, że w tak biednym kraju ktoś w ogóle ośmiela się cenić swoją pracę! Widok kilkuletnich dzieci, które za grosze dźwigają po górskich ścieżkach dobytek wędrowców z bogatszych części Ziemi, nie należy w tamtych stronach do rzadkości. Kim trzeba być, aby się godzić na coś takiego?

Na indonezyjskiej wyspie Lombok widziałam scenę następującą: dziesięcioletnia dziewczynka podeszła do sympatycznie wyglądającego pana z Australii z pytaniem, czy nie zechciałby jej wymienić kilku drobniaków australijskich (chodziło o centy!) na miejscowe rupie, ponieważ w kantorze nie przyjmowali monet. Facet odmówił, udając, że nie rozumie, o co chodzi.

Z kolei w Indiach troskliwa matka dwójki uroczych blond cherubinków jak w transie biegała po sklepiku z ciuchami, w którym ceny nie przekraczały kilku naszych złotych. Nawet przez sekundę nie zadała sobie pytania, jakiż to rodzaj niewolniczej pracy stoi za absurdalnie niską ceną szortów i koszulek. Liczył się tylko fakt, że jest tanio.

Jednocześnie im nas więcej w egzotycznych częściach świata, tym więcej tam śmieci, prostytucji (też dziecięcej) i plaż całkowicie zaanektowanych pod kolejne wielkie hotele – kosztem miejscowej ludności, o przyrodzie nie wspominając. Biały turysta w swojej masie jest odcięty od wszelkiej wrażliwości na wyzysk i upokorzenie ludzi, na dręczenie zwierząt, niszczenie przyrody i miejscowej tradycji. Ma gdzieś wrażliwość gospodarzy i ich obyczaje. Nie zważa na ich zawstydzenie, kiedy paraduje w stringach po deptaku. Nie widzi problemu w nocnych rajdach motorami przez dżunglę, gdzie swój dom mają niezliczone gatunki dzikich zwierząt, dla których ryk silników to prawdziwy koszmar. Bez zastanowienia pozuje do zdjęć z małpkami na łańcuszku, które zostały nielegalnie wydarte naturze i swoim rodzicom. Segregowanie śmieci uważa zaś za czynność uwłaczającą jego turystycznej mości, która w pseudoluksusowych hotelach sama przed sobą udaje, że należy do najwyższej z ludzkich kast. Co wcale nie przeszkadza jej wypowiadać arbitralnych mądrości na temat kastowości w hinduizmie, obyczajowości islamu i zasad buddyzmu. A im mniejszą ma wiedzę na powyższe tematy, im bardziej rasistowskie wyznaje poglądy, tym głośniej i dobitniej się wymądrza. Dobre panie lubią też przytulić czarnooką dzidzię i strzelić sobie z nią fotkę na insta, aby potem załamywać wymanikiurowane rąsie nad umorusaną buzią i gilami do pasa, które przecież można otrzeć, wymyć, nawet kiedy jest się nędzarzem.

Słowem: kwitną pogarda i poczucie eurowyższości. Mnożą się protekcjonalne pytania z cyklu: „Czy ci biedacy naprawdę nie mogą tu uprzątnąć, odmalować, ogarnąć?". Mówi się o nich „miejscowi", „tutejsi". Ich pismo to „robaczki", pieniądze zaś to „wariaty" i „sałata". Tak jakby nauczenie się nazwy narodowości i waluty ludzi, których kraj odwiedzamy, oraz sprawdzenie, jakiego używają alfabetu, przekraczało intelektualne możliwości człowieka Zachodu, mającego stały dostęp do informacji.

Turyści wylewają krokodyle łzy nad biedą i zacofaniem krajów Trzeciego Świata (nienawidzę tej nazwy!), jednak nad życie kochają swoją lepszość. I nie daj Boże tym poczuciem lepszości zachwiać. Trzeci Świat ma być trzeci! Tubylcy mają posprzątać i nauczyć się angielskiego, ale niech im się nie śni, że mogą w czymkolwiek – no, może poza starożytną umiejętnością medytacji oraz zakładania nogi na szyję – być mądrzejsi od nas, białych nosicieli cywilizacyjnej wyższości, higieny, logistyki i demokracji.

Kiedyś, lecąc z Katmandu do Delhi, spotkałam nepalskiego działacza na rzecz świadomego planowania rodziny. Dowiedziałam się od niego, że w tym bardzo przywiązanym do tradycji, przepojonym religijnością kraju antykoncepcja hormonalna jest dostępna za darmo w państwowych szpitalach i przychodniach. Podobnie prezerwatywy. W aptekach średnia cena opakowania pigułki antykoncepcyjnej na miesiąc to równowartość dwudziestu centów amerykańskich. Oczywiście zapytałam, co na to autorytety religijne. Odpowiedź brzmiała: „Nie stosują i odradzają, ale kiedy ktoś nie chce brać antykoncepcji, to przecież nie musi. W czym problem?". Przyznacie, że jak na zacofany, głęboko religijny kraj trzeźwość stanowiska władz zaskakuje. Opisałam tę rozmowę w mediach społecznościowych jako ciekawostkę. Reakcja internautów mnie poraziła. Połowa komentujących zarzucała mi demagogię, płytkość i głupotę, ponieważ jest rzeczą oczywistą, że w takim Nepalu dzieje się źle. I nie ma, kurka wodna, takiej opcji, żeby w czymś ci ludzie byli od nas mądrzejsi. Tam przecież tylko głupota, zacofanie, przemoc, bieda i gwałty na dzieciach, a nie darmowa antykoncepcja! W sumie rozumiem tę reakcję, jak bowiem wiadomo, w kraju nad Wisłą o przemocy domowej i wykorzystywaniu seksualnym dzieci nie słyszano od wczesnego średniowiecza.

Inny przykład. Oficjalne nepalskie formularze, na przykład wizowe, w których należy podać płeć, zawierają trzy kratki do wyboru: „żeńska", „męska", „inna". Podpytałam i o to. Odpowiedź: Skoro nauka dowiodła, że płeć bywa czasem „pomiędzy" albo niezgodna z biologiczną, to chyba normalne, że jest takie rozróżnienie w dokumentach. Ludzie nie zawsze w to wierzą, ale w czym problem? Opisując ten przypadek w mediach społecznościowych, zamieściłam zdjęcie owego formularza. I znów

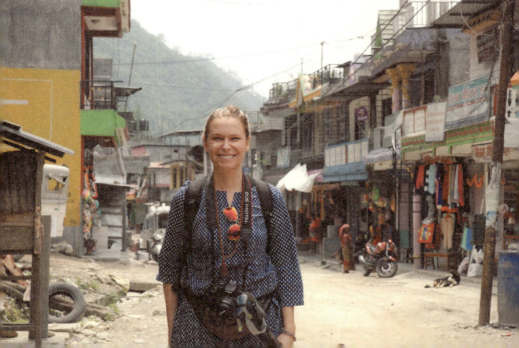

się dowiedziałam, że uprawiam propagandę, bo przecież w takim Nepalu tylko bieda, zacofanie i zło. Gwoli ścisłości dodam, że żadnej z tych informacji nie opatrzyłam osobistym komentarzem. Suche fakty.

Podobnie jest, kiedy piszę o Indiach. Tylko wrzucę swoje uśmiechnięte zdjęcie z jakiegoś pięknego miejsca, a już czytam: „Do slamsów pojedź!" albo „Nigdy tam nie pojadę, bo oni źle traktują kobiety!". Znam w Indiach wiele szczęśliwych kobiet – znam też wiele nieszczęśliwych w Polsce. I odwrotnie. Dlatego mam nieśmiałą propozycję, by posprzątać we własnym ogródku, zanim zaczniemy pouczać innych.

> *Różnice kulturowe znajdziesz nawet u naszych najbliższych, europejskich sąsiadów, a co dopiero na drugim końcu świata. Zanim wyjedziesz, czytaj, pytaj, oglądaj filmy dokumentalne (wiem, wiem, powtarzam się, ale to naprawdę najlepszy sposób, by przygotować się do drogi). Są miejsca, w których paradowanie po ulicy w szortach zawstydza i stresuje przechodniów. Są takie, w których wypada zakrywać głowę, i inne, gdzie zawsze zostawia się obuwie przed wejściem do budynku. Zwyczajny gest lub na przykład dotknięcie czyjegoś ciała lewą ręką może mieć katastrofalne skutki.*
>
> *Zastanów się dwa razy, zanim kupisz kolejny drobiazg za bezcen. Pamiątki z podróży tracą barwę i wdzięk tuż po powrocie do kraju. Niewykluczone, że przy okazji najbliższych porządków wylądują na śmietniku. Serio uważasz, że warto wspierać produkcję badziewia, które wytwarzają najgorzej opłacani ludzie na świecie i które już na zawsze pozostanie na ziemi w formie toksycznego odpadu?*
>
> *Każdy kraj specjalizuje się w jakimś rodzaju rękodzieła. Warto zaplanować sobie zakupy (znowu: czytaj, oglądaj, pytaj) i zrobić je w miejscu, gdzie praca wykonywana jest w godziwych warunkach, tradycyjnymi metodami, a twoje pieniądze*

trafiają do lokalnej społeczności. Warto zapłacić więcej i przywieźć jedną, piękną i niepowtarzalną rzecz, niż kupować tanie szmaty i drobiazgi pozbawione wartości. Większość wytwórców prawdziwego rękodzieła oferuje wysyłkę towaru pod dowolny adres na świecie. Warto z tego skorzystać, by nie obciążać swojego bagażu.

Wbrew temu, co wykrzykiwały pod publiczkę panie biorące udział w popularnym programie Azja Express, w całej Azji wcale nie jest brudno. W każdym razie nie brudniej niż w wielu miejscach Europy. Często to my, ludzie z Zachodu, przyczyniamy się do kiepskiej kondycji sanitarnej popularnych kurortów. Kto śpi w zarzyganych hostelach? Kto rozsmarowuje własne odchody po ścianach łazienki? Kto nie czyta informacji, że nie wyrzuca się papieru toaletowego do muszli, tylko do kosza obok, a potem się dziwi, że kibel jest zatkany i śmierdzi? Miejscowi? Wolne żarty! A kto produkuje miliony pustych butelek po wodzie mineralnej? Kogo stać na płacenie dolara za półtora litra tejże wody? Miejscowych, którzy za taką kwotę na jeden dzień muszą utrzymać całą rodzinę? Kup bidon. Znajdź najbliższy punkt wody filtrowanej. Nie korzystaj z plastikowych kubeczków, słomek, tacek. Pokaż klasę!

Baba w babie

*R*endez-vous – jedno z najbardziej znanych na świecie francuskich słów, od którego wzięła się nasza polska „randka". Dla turystów, zwłaszcza tych zakochanych, i w ogóle dla większości ludzi, którzy go używają, oznacza ono coś zdecydowanie przyjemnego: romantyczne spotkanie, spacer w świetle zachodzącego słońca, kino i kolację przy świecach.

Jednak w oryginalnym znaczeniu to po prostu 'spotkanie' i już. We Francji *rendez-vous* umawiasz z ginekologiem, hydraulikiem czy dentystą. Przed wejściem Polski do UE w ustach polonusów znad Sekwany, wypowiadane koniecznie z twardym polskim „r" i akcentem na „e", „randewu" oznaczało przede wszystkim konieczność udania się do prefektury celem przedłużenia prawa pobytu.

Kiedy przyjechałam do Francji w 1987 roku, system był taki, że Polacy, nawet ci mający w paszporcie tylko wizę turystyczną uprawniającą do miesięcznego pobytu w kraju Napoleona, mogli się starać o zmianę statusu na „pobyt tymczasowy z prawem do pracy" na preferencyjnych warunkach dla uciekinierów zza żelaznej kurtyny. Wystarczyło przyjechać z wizą turystyczną, po czym udać się na najbliższy posterunek policji i zadeklarować chęć pozostania we Francji. Tutaj po raz pierwszy usłyszałam magiczne słowo na „r" – wyznaczono mi pierwsze z niekończącej się serii *rendez-vous*, z których każde przybliżało mnie do uzyskania upragnionej karty pobytu na rok, a potem na pięć czy nawet dziesięć lat.

Dokumentem uprawniającym do pozostawania na terenie Republiki Francuskiej w oczekiwaniu na „randkę" z przedstawicielem służb imigracyjnych było różowe niczym majtki lalki Barbie papierzysko, opatrzone znakiem wodnym i zdjęciem. Na tym wstępnym etapie proszono tylko o przedstawienie adresu, pod którym będzie się przebywać do czasu rozpatrzenia sprawy. Tak imigrant zyskiwał pierwsze trzy miesiące, podczas których natychmiast podejmował pracę na czarno. Co bardziej przewidujący błyskawicznie starali się też o tak zwaną promesę, czyli obietnicę legalnego zatrudnienia (oczywiście „lewą") oraz stałego, wiarygodnego adresu w dobrej dzielnicy (oczywiście „lewego"). Bez tych dokumentów nie było mowy o uzyskaniu czasowego pozwolenia na pobyt i legalną pracę, więc stawka była naprawdę wysoka. Ja zaczepiłam się w polskiej restauracji jako kelnerka, choć języka nie znałam za grosz. Jak to możliwe? Do dziś nie mam pojęcia. Taki jest Paryż, tam wszystko jest możliwe.

Polonia paryska była w tamtym czasie bardzo liczna i całkiem dobrze zorganizowana. Istniało polskie radio Solidarność, kilka wydawnictw, w tym oczywiście Kultura, nieco mniej znane Editions Spotkania i inne. Ludzie pomagali sobie nawzajem i jakoś to się kręciło. Trochę w stylu „na kulawej naszej barce ja – dziewczyna, a ty – harcerz", trochę za pomocą młotka, sznurka i na ślinę. Polonusi urządzali się na emigracji i szybko wrastali w miasto.

Pewnego dnia sama znalazłam się w siedzibie polskiego radia Solidarność, mając nadzieję, że rodacy pomogą mi skołować wspomnianą promesę kontraktu. Problem wieku (nie miałam skończonych siedemnastu lat) rozwiązałam metodą „na bezczela", korzystając z rówieśniczych koneksji w postaci koleżanki zatrudnionej u pewnego notariusza, która bez zbędnych pytań podrobiła dla mnie akt emancypacji, czyli zgodę rodziców na pracę zarobkową. Co ciekawe, absolutnie nikt nigdzie ani razu nie zająknął się na temat nierealizowanego obowiązku szkolnego.

Szybko okazało się, że Polacy w radiu nie są w ciemię bici i nie zamierzają wystawiać smarkuli żadnych promes, zawierać z nią kontraktów ani w ogóle przykładać ręki do jej ewidentnej samowolki. Tylko przywieziona z Polski niechęć do pucowania uchroniła mnie wtedy przed donosem na policję. Wpadałam tam jednak od czasu do czasu – trochę nie wiedziałam, co ze sobą robić w czasie wolnym od pracy w knajpie, ale też zwyczajnie szukałam bliskości ludzi, z którymi mogłam dogadać się w ojczystym języku. Moja znajomość francuskiego ograniczała się wówczas do dziesięciu, może dwunastu słów, po angielsku zaś gadałam jak każda przeciętna uczennica polskiego liceum.

Póki trwało lato, pomieszkiwałam to tu, to tam, w chwilowo pustych mieszkaniach znajomych i znajomych znajomych. Nieuchronnie zbliżający się koniec wakacji, a wraz z nim powrót właścicieli zajmowanych przeze mnie met, uświadomił mi jednak boleśnie, że jeżeli chcę dalej chojrakować, muszę znaleźć coś własnego. Wykonałam setki telefonów, uwieszona słuchawek automatów przy wejściach do toalet w dziesiątkach barów. Łamaną angielszczyzną próbowałam przekonać właścicieli służbówek i innych klitek przeznaczonych pod wynajem najbiedniejszym mieszkańcom miasta, by dali mi szansę obejrzenia wymarzonego obiektu o powierzchni 8 m² na szóstym piętrze bez windy i ze wspólną łazienką na korytarzu lub w ogóle bez łazienki. Wszystko na nic.

W tym miejscu muszę wspomnieć, że wynajęcie mieszkania nad Sekwaną nie było (i do dziś nie jest) sprawą łatwą. Francuskie prawo chroni przede wszystkim lokatora, a przeprowadzenie skutecznej eksmisji może zająć wiele miesięcy. To tylko pozorna korzyść dla wynajmujących, bowiem właściciele paryskich mieszkań pod rękę z agencjami nieruchomości mnożą trudności – żądają tylu zabezpieczeń i rękojmi wypłacalności, że dla zwykłego śmiertelnika podpisanie umowy najmu graniczy z cudem. Na ogół zaczyna się od pytania o zatrudnienie. Tutaj należy przedstawić dowód w postaci dokumentacji wypłat na co najmniej sześć miesięcy wstecz. Do tego dochodzą liczne zaświadczenia z urzędu skarbowego, ostatnie opłacone faktury na swoje nazwisko z poprzednich mieszkań i kaucja, której wysokość sięga nawet trzykrotności zakontraktowanego czynszu. Jeśli najemca ma wolny zawód, często musi dodatkowo złożyć depozyt bankowy z rocznym czynszem. Cóż, pewnie nietrudno się domyślić, że moje szanse na znalezienie choćby najskromniejszego mieszkanka drogą inną niż sieć polonijnych znajomości oscylowały radośnie w okolicy nieco poniżej zera.

Pikanterii sprawie dodawał fakt, że film *Kronika wypadków miłosnych* ze mną w roli głównej był wówczas na ekranach kin, a ja, jadąc rano na gapę metrem do pracy, na każdej stacji widziałam wielkie billboardy z moją twarzą, zdobną w dziewiczy wianek. Byłam bezdomną emigrantką i gwiazdą kina w jednej osobie. Jing i jang życia, można powiedzieć. To było naprawdę świetne i piszę te słowa bez cienia ironii, ponieważ taki numer w życiorysie to ewidentnie karmiczny dar i elitarna szkoła pokory.

Kiedy już naprawdę nie miałam gdzie spać, spakowałam walizkę i ruszyłam do siedziby Radia Solidarność na Montmartre z nadzieją, że pozwolą mi tam przekimać chociaż na starej kanapie w holu. Spocona i głodna, oczywiście bez biletu (przeskakiwanie bramek i przepychanie walizki pod nimi w tym samym czasie, tak by nie zauważył tego kanar, to naprawdę wymagający sport!), dotarłam na miejsce i od razu klapnęłam na wspomnianą kanapę, żywiąc nadzieję, że na jej przetartym welurowym brzuchu znajdę bezpieczną przystań, przynajmniej na nadchodzącą noc. Ponieważ jednak nie miałam takiej pewności, zaczęłam po cichu pochlipywać, użalając się – jak się okazało, zupełnie niepotrzebnie – nad swoją trudną sytuacją. Nie minęło pięć minut, a wyrosła przede mną wspaniała, mierząca niemal dwa metry, uśmiechnięta postać ludzka. Krzyś. Przez wiele następnych lat mój przyjaciel, mentor i niewyczerpane źródło inspiracji. Tamtego dnia jednak przede wszystkim mój wybawiciel i dobra dusza. Krzyś nie dał mi zginąć i zaoferował nie tylko kąt do spania, ale też kolejną podróż, i to rosyjską metodą baby w babie! Co to takiego? Po kolei.

Krzyś stanął nade mną z szerokim uśmiechem na przystojnej twarzy, wziął się pod boki i przez chwilę mierzył mnie wzrokiem. Już miałam się zdenerwować i uświadomić czterdziestoletniemu facetowi, że nie jest w muzeum, gdy nagle jedna z wielkich jak bochny dłoni Krzysia plasnęła o jego zmarszczone czoło, a uśmiech stał się jeszcze szerszy.

– To ty! To ty! To ty! To ty jesteś dziewczyną z filmu Wajdy! Jaki zaszczyt, jaki honor, jak wspaniale widzieć cię z bliska! Jesteś wspaniała! Boże, niesamowite! Jesteś przepiękna!

Widząc moją zupełnie zdezorientowaną minę, wymierzył sobie kolejny cios z plaskacza w czoło i stanął na baczność, jakbym była królową Madagaskaru, a on moim żołnierzem[*]. Wtedy się przedstawił: Krzysztof Głogowski. Po tej oszałamiającej prezentacji przysiadł się do mnie i zaczął wypytywać, co mnie sprowadza do Paryża, gdzie mieszkam i czego właściwie szukam w Radiu Solidarność. Co było robić. Przyznałam się do swojego opłakanego położenia, a Krzyś natychmiast zarządził, że zamieszkam u niego i jego narzeczonej Ewy w podparyskim Bry-sur-Marne. Planowali akurat wrześniowy wyjazd na południe Francji, a w domu są pies, dwanaście kotów oraz kury, nie wspominając o dojrzewających nieustannie pomidorach, tak że właściwie z nieba im spadam, bo wszystkim się zajmę. Jeszcze nie ochłonęłam, a Krzyś już biegał po całym radiu, zarządzając natychmiastową mobilizację imprezową. Zbiórka w Bry za kilka godzin! Potem chwycił pod pachę moją wielką walizę, jakby była aktówką z dokumentami, i zataszczył ją do srebrnego citroena DS, dokładnie takiego, jakim jeździł

---

[*] *Żołnierz królowej Madagaskaru* – Polska komedia muzyczna z 1958 r. na podstawie farsy Stanisława Dobrzańskiego i Juliana Tuwima. To druga adaptacja tego dzieła. Pierwsza została dokonana w 1939 r. przez Jerzego Zarzyckiego.

Phantomas*, dając znak, bym wsiadła. Nie przestając obsypywać mnie komplementami, ruszył z piskiem opon. Po drodze zaliczyliśmy postój w supermarkecie, gdzie Krzyś zrobił zakupy na wielką powitalną imprezę na moją cześć, po czym pognaliśmy do celu.

Ewa, niestety, nie miała bladego pojęcia ani o tym, że wieczorem szykuje się u niej w ogrodzie balanga, ani tym bardziej o fakcie pozyskania lokatorki w osobie niespełna siedemnastoletniej „gwiazdy" polskiego kina, na której punkcie jej facet dostał kompletnego bzika. Powitanie szybko przerodziło się więc w awanturę, która błyskawicznie przeniosła się za zamknięte drzwi, by nie stawiać mnie w jeszcze mniej zręcznym położeniu. Do oczu napłynęły mi łzy. Czułam się jak idiotka. Zupełnie nie dziwiłam się Ewie, że zareagowała w ten sposób. Siedziałam skulona na brzegu krzesła w salonie, a dyskusja gospodarzy za ścianą zdawała się nie mieć końca. Wreszcie zaczęłam rozglądać się wokół i dopiero wówczas zauważyłam, w jak niezwykłym miejscu się znalazłam. Dom Krzysia i Ewy musiał być kiedyś sklepem. Salon, w którym się znajdowałam, był jego głównym pomieszczeniem – usunięto z niego jedynie ladę, pozostawiając półki sklepowe, szczelnie wypełnione książkami, płytami i niezliczoną ilością dziwnych przedmiotów, których przeznaczenia nie byłam w stanie odgadnąć. Wychodzące na ulicę okna, które niegdyś służyły pewnie za sklepową witrynę, zdobiły wielkiej urody witraże, a pośrodku panoszył się swojsko wyglądający stół z nisko zawieszoną nad nim lampą. Przy gramofonie zauważyłam kilka płyt mojego ojca, co przez chwilę dało mi poczucie, że mimo burzy, którą mimowolnie rozpętałam, znalazłam się w przyjaznym i bezpiecznym miejscu. Ale największe zaskoczenie czekało mnie, gdy podniosłam wzrok. Oto bowiem – na długich drewnianych drągach zawieszonych pod sufitem – zobaczyłam całą plejadę ogromnych marionetek! Były tam diabły, rycerze, czarownice, rybak ze złotą rybką, jego zła

---

* Phantomas, postać z francuskiego serialu kryminalnego, emitowanego w latach 70. XX w.

żona, rosyjskie królewny i różne bajkowe zwierzęta. W obłędnych ubraniach, malowane wielobarwnie i jaskrawo, zachwycające. Jak się później okazało, Krzyś współprowadził teatr lalkowy, Ewa zaś była malarką i autorką witraży.

Po długiej dyskusji moi przyszli gospodarze jakoś doszli do porozumienia, niebo nad nimi się rozpogodziło, a mnie poproszono o zajęcie gościnnego pokoju, do którego natychmiast wstawiono mi telewizor, oznajmiając, że od dziś jest to mój nauczyciel francuskiego. Następnie Krzyś oprowadził mnie po włościach, zostawiając Ewie przygotowanie szaszłyków i sałaty na wieczór.

Z tyłu dawnego sklepu położone były dwa pokoje sypialne i korytarzyk zaadaptowany na kuchnię, łazienka i prysznic natomiast znajdowały się w podwórku, w niewielkiej budce przylegającej do warsztatu lalkarskiego. W głębi ogrodu, niemal w całości obsadzonego krzakami pomidorów, znajdowały się kurnik i buda Pietii, psa rasy moskowskaja storożewaja. Na niewielkim murku otaczającym to urokliwe miejsce wylegiwały się rozleniwione kociska.

Krzyś rozpalił ogromne palenisko z rusztem, wyniósł do ogrodu stół oraz krzesła i ani się obejrzałam, a zaczęło się przyjęcie, którego byłam centralną bohaterką. Nie mogłam w to uwierzyć, zwłaszcza że jeszcze kilka godzin wcześniej miałam w planach spanie na radiowej wyświechtanej kanapie!

Ewa okazała się ciepłą i serdeczną osobą. Krzyś zaś wkroczył do mojego życia i opuścił je dopiero w chwili swej przedwczesnej śmierci, kilkanaście lat później. Taka przyjaźń, a raczej duchowa i intelektualna bliskość, które nas połączyły, zdarza się raz, może dwa na przestrzeni całego życia. Ma szczęście ten, kto spotka swoją bratnią duszę. Ja miałam szczęście podwójne, bo mój duchowy brat okazał się erudytą i człowiekiem ze wszechmiar nieprzeciętnym, który przez cały okres trwania naszej znajomości szczodrze dzielił się ze mną swoją wiedzą i przemyśleniami. A że był, jak ja, samoukiem i outsiderem, którego życiorys, podobnie jak mój, był, delikatnie mówiąc, niestatystyczny, czerpałam z niego pełnymi garściami. Instynkt podpowiadał mi bowiem, że skoro porzuciłam szkołę i klasyczną ścieżkę edukacji, potrzebuję kogoś, kto mną pokieruje, bym nie skończyła jako nieuk i głupol.

Losy Krzysia zasługują na osobną książkę i nie sposób ich streścić w kilku akapitach, jednak aby zrozumieć metodę podróżniczą baba w babie, muszę się pokusić choć o kilka zdań na ten temat. Krzyś urodził się w Polsce, krótko po wojnie, z żydowskiej matki, która bez grosza wyemigrowała z dziećmi do Paryża. Zrobiła to, licząc na pomoc swoich rzekomo zamożnych sióstr, które trafiły do Francji jeszcze przed wojną. Rzeczywistość okazała się jednak daleko mniej różowa niż ta przedstawiana w listach latami słanych do Polski. Zanim kobieta stanęła na własnych nogach, Krzyś wraz z młodszą siostrą Anią (dziś cenioną francuską dziennikarką Anną Alter) trafił do jednego z żydowskich domów dziecka dla sierot wojennych. Anna opisała ich historię we wstrząsającej książce pod tytułem *Moja córka, doktorr astrofizyk*[*]. Ten traumatyczny epizod odbił się głębokim piętnem na losach Krzysia, który, gdy tylko stało się to możliwe, jak zarazy unikał wszelkich instytucji ograniczających wolność osobistą, ze szkołą na czele. Podobnie jak ja przerwał edukację w wieku lat szesnastu i zatrudnił się w stajni koni wyścigowych jako pracownik fizyczny. Miał nadzieję w przyszłości zabłysnąć w roli dżokeja, jednak szybko uświadomiono mu, że przy niemal dwóch metrach wzrostu jest to niewykonalne.

---

[*] A. Alter, *Moja córka, doktorr astrofizyk*, Wydawnictwo Literackie. Kraków 2010. Historia rodzinna napisana z perspektywy kilkuletniej Anny, córki Leona Altera – współzałożyciela Komunistycznej Partii Polski. Wychowywana w cieniu genialnego brata, odkrywająca powoli swe żydowskie korzenie, dziś wzięta dziennikarka, astrofizyk z wykształcenia. Matka autorki, Jadwiga Czerniawska (właśc. Eta bądź Heith Jackan), słynąca z urody, córka sławnego wydawcy, ocalała z Holocaustu m.in. dzięki polskim dokumentom, w latach 50. wyemigrowała z dziećmi do Paryża, gdzie ciężko pracowała fizycznie, by utrzymać rodzinę.

Kolejną fascynacją Krzysia okazały się charty wyścigowe, których hodowla przyniosła mu pierwsze pieniądze i pierwszy hazardowy dreszczyk. Kilka lat później krążył już jako stały bywalec po kasynach świata – od Bejrutu po Monte Carlo, wygrywając i przegrywając ogromne kwoty, uwodząc niebezpieczne kobiety i zawierając przyjaźnie z przedstawicielami światowej szulerki, które nie raz i nie dwa miały mu w przyszłości uratować skórę.

Krzyś i ja należeliśmy do tego samego gatunku ludzi. Tych, co to z jakichś, dla nich samych niepojętych powodów w trakcie jednego życia przeżywają jeszcze pięć żyć równoległych, a tempo zmian i zwrotów akcji w ich CV dałoby się śmiało rozłożyć na dziesięć osób. To, co nam przydarza się w ciągu roku, innym wystarcza za całe ich burzliwe losy. Dzisiaj wiem, że to właśnie tego rodzaju duchowe powinowactwo sprawiło, że staliśmy się sobie tak bliscy. Krzyś był jak dotąd jedyną osobą na świecie, na której moje burzliwe losy, brawurowe zakręty życiowe, związki, przeprowadzki, zmiany zawodu, koncepcji i źródła utrzymania, małżeństwa, romanse i rozwody nie robiły żadnego wrażenia. Nie budziły zdziwienia ani niepokoju, nie wywoływały krytycznych uwag czy wścibskich pytań.

Krzyś był Polakiem, ale też Żydem i głęboko wierzącym wyznawcą prawosławia, na które przeszedł spontanicznie w wieku lat kilkunastu – po tym, jak przypadkowo odwiedził cerkiew Świętej Genowefy w Paryżu. Pracował jako dziennikarz w „Le Monde", relacjonując polskie wydarzenia 1968 roku, pisał książki dla dzieci i tłumaczył Puszkina na francuski. Redagował audycje dla paryskiego Radia Solidarność, publikował w dysydenckiej „Ruskiej Myśli" i prowadził strajk głodowy w obronie praw człowieka w Polsce. Za sprawą przypadkowego spotkania z wydawczynią jednego z prestiżowych wydawnictw francuskich przy okazji moich siedemnastych urodzin został jednym z najważniejszych tłumaczy polskiej i rosyjskiej literatury. To jego niezrównanemu talentowi translatorskiemu czytelnicy znad Sekwany zawdzięczają między innymi francuskie wydania książek Olgi Tokarczuk, Andrzeja Szczypiorskiego czy Tatiany Tołstoj.

W latach dziewięćdziesiątych Krzyś postanowił, w ślad za mną, powrócić na łono ojczyzny, upatrując w raczkującym polskim kapitalizmie szansę na szybkie dorobienie się fortuny. Jego przygody w biznesie to odrębna opowieść, w której jest miejsce i dla mojej skromnej osoby. Chociaż byłam młodsza od Krzysia o dobrych dwadzieścia lat, dysponowałam nieco chłodniejszą niż on głową i kilka razy dosłownie uratowałam mu życie, kiedy w szale godnym bohaterów *Ziemi obiecanej* tworzył kolejne koncepcje biznesowe, dobierając sobie coraz to bardziej szemranych partnerów.

Niestety, nie uchroniłam Krzysia przed kupnem wyścigowego konia wysokiej klasy, którego trening i utrzymanie kosztowały więcej niż miesięczne wydatki na życie jego pana; nie powstrzymałam go też przed zaciągnięciem lichwiarskiej pożyczki, która stała się początkiem końca Krzysiowej kariery w biznesie, a ostatecznie, dekadę później, przyczyniła się do jego przedwczesnej śmierci. Krzyś był szalony i zupełnie nieobliczalny w jedyny, sobie tylko właściwy sposób. Za jego sprawą słowo „nonkonformizm" zyskało zupełnie nowe znaczenie, wykraczając daleko poza słownikowe ramy. Był wielkim erudytą bez formalnego wykształcenia, polskim Żydem, który czuł się Rosjaninem. Artystą, sportowcem, człowiekiem orkiestrą, beznadziejnym ojcem i mężem, ale cudownym przyjacielem.

Do końca wierzył, że zostanie milionerem, choć tonął w długach, których wysokość przekraczała granice jego, wydawałoby się nieograniczonej, wyobraźni. Nie uznawał osiągnięć nowoczesnej medycyny, wierząc, że na wszystkie dolegliwości pomagają głodówka, sauna i oblewanie się lodowatą wodą o świcie. Aby związać koniec z końcem i kapaniną spłacać wierzycieli, tłumaczył książki, nie wstając od swej lekko przedpotopowej maszyny do pisania marki Brother. Nie dojadał, nie spał i zupełnie nie dbał o zdrowie.

Krzysia zabrała powikłana grypa, którą próbował leczyć własnymi sposobami. Wiadomość o jego śmierci zastała mnie w Paryżu, gdzie właśnie urządzałam sobie drugą emigrację...

Wróćmy jednak do Bry-sur-Marne, do Krzysiowego domku i pracowni lalkarskiej, do Ewy wypatrującej oczy nad witrażami i do metody podróżniczej baba w babie. Wszyscy zapewne wiedzą, jak wyglądają ruskie matrioszki. Podróż metodą baba w babie polega na tym, że nie ruszając się z miejsca, wyłącznie za sprawą rozmów, muzyki, potraw i zapachów, przemieszczamy się w zupełnie inne strony, a ludzie, z którymi dzielimy stół, zdejmują z siebie kolejne kulturowe warstwy i maski.

Jak już wspomniałam, zanim wyjechałam do Francji, jak każde polskie powojenne dziecko nie miałam pojęcia, że podróżowanie nie jest jedynie zjawiskiem geograficznym, ale polega przede wszystkim na odkrywaniu inności – w innych i w sobie. Na zderzaniu kultur, poznawaniu nowych smaków, słuchaniu o tęsknocie i wspólnym odczuwaniu. Nie miałam pojęcia, że na jednym talerzu mogą leżeć pielmieni, humus i zielona sałata z sosem winegret.

To dzięki Krzysiowi było mi dane świętować prawosławną Paschę wśród rodowitych Rosjan, wraz z nimi wędrować w głąb niesamowitych światów, z których przybywali i do których już zawsze mieli boleśnie tęsknić. Tam poznałam rosyjską kuchnię i zakochałam się w Wysockim. Tam przeszłam swoją multikulturową inicjację i zrozumiałam, że każdy z nas jest taką babą w babie. Siedzą w nas krainy przodków, wysiedlenia, ucieczki, wyprawy po lepsze życie i miłosne spotkania, których jesteśmy skutkiem.

Kto to zrozumie, ten już zawsze będzie ciekaw korzeni człowieka, z którym rozmawia. I zawsze będzie z zachwytem odkrywał, że rozpoczynając rozmowę z wesołym Australijczykiem z Melbourne, kończy ją z pół Aborygenem, pół Irlandczykiem, który tradycje obu narodów ma zapisaną nie tylko w genach, ale i w sposobie życia, gustach, poczuciu humoru i wielu innych aspektach osobowości, z których każda, niczym ruska matrioszka, skrywa w sobie kolejną i jeszcze jedną, i jeszcze...

– *Christos woskriesie! Woistinu woskriesie!*[*].
Do niewielkiego domku Krzysztofa walił tłum. Ludzie wyciągali w kierunku gospodarza flaszki rosyjskiej wódki, półkilowe puszki z kawiorem, salaterki z sałatkami, kulicze[**], paschę[***], uformowaną w zdobne piramidki, garnki pełne barszczu, słoiki z kiszonkami, tarty chrzan, polską kiełbasę i Bóg jeden wie co jeszcze. Późnowiosenne słonko przygrzewało, więc wielkanocny obiad, na który do Bry zjechała chyba cała śmietanka rosyjskiej emigracji, miał się odbyć w ogrodzie, gdzie rozstawiono długie, sklecone z nieheblowanych desek stoły, przykryte białymi obrusami, czy raczej prześcieradłami, kupionymi za bezcen na wyprzedaży. Butelki z wódką i gitary poszły w ruch, Krzysztof wzniósł toast za zdrowie gości, a obecny na miejscu pop pobłogosławił biesiadników. Przyjęcie trwało do późnego wieczora. Wtedy, już przy świetle księżyca i świec, Krzyś wyciągnął specjalną emaliowaną balię, w której od dwóch dni marynował baraninę na szaszłyk: warstwa cebuli, warstwa mięsa w plastrach, przyprawy, białe

---

[*] Chrystus zmartwychwstał! Zmartwychwstał prawdziwie – pozdrowienie wypowiadane w Wielką Niedzielę prawosławnej Wielkanocy w języku staro-cerkiewno-słowiańskim.
[**] Kulicz – rosyjskie ciasto paschalne. Najczęstszymi dodatkami do kulicza są kandyzowane owoce, migdały i rozmaite orzechy. Niekiedy do ciasta dodawany jest też rum. Kulicz piecze się w specjalnych wysokich formach o niewielkiej średnicy, co nadaje rosyjskiej babie specyficzny, falliczny wygląd.
[***] Pascha – tradycyjna potrawa wielkanocna pochodzenia północnorosyjskiego, przygotowywana z twarogu lub z mleka, śmietany, masła, zwykle z dodatkiem żółtek, cukru, wanilii i innych składników, również bakalii. Zwykle bardzo słodka, podawana w postaci ściętej piramidki, ozdobionej rodzynkami i skórką pomarańczową.

wino, znowu cebula i tak aż po drewnianą pokrywę, dociśniętą kamieniem.

Od tamtej pory minęło wiele lat, a ja zdążyłam przejść na wegetarianizm[*]. Jeśli jednak zdarza mi się zatęsknić za grillowaniem, to tylko w takim wydaniu – w nocy, przy ognisku w Krzysiowym ogrodzie. Jako młodziutka dziewczyna, nieznająca jeszcze życia, zostałam dopuszczona do tajemnicy wielkiej rosyjskiej tęsknoty.

Widziałam potem wielu tęskniących różnych nacji i sama, żyjąc na emigracji, straszliwie tęskniłam za Polską, jednak nic nie może się równać z nostalgią Rosjan, którzy zostali odcięci od swojej ojczyzny. Nikt tyle i tak nie pije, nie śpiewa, nie recytuje, nie nabija się z samych siebie i nie milczy ze wzrokiem utkwionym gdzieś w przestrzeni i boleśnie opadającym kącikiem ust. Nikt tak nie zrywa ciszy, by najpierw się zaśmiać w głos, a potem zakrztusić i zanieść rzężącym od papierosów kaszlem. I już nie wiadomo, czy łzy lecą z oczu ze śmiechu, płaczu czy dymu.

Jestem wielką szczęściarą, że tak wcześnie mogłam zobaczyć to wszystko z bliska i ruszyć dalej w świat z wiedzą, że życie zawsze jest straszniejsze i piękniejsze jeszcze jest...[**]. Od tamtej pory wędruję metodą baby w babie, ile wlezie, i tobie radzę to samo. Wpraszaj się do domów przyjaciół z innych stron, zapraszaj ich do siebie i pozwól się zabrać palcem po mapie albo łyżką po garnku tam, skąd przybyli. Posłuchaj z nimi muzyki, poproś, by zanucili kołysankę w ich ojczystym języku. Naprawdę nie ma lepszego przygotowania do podróży. Pierwszy krok zawsze robimy w swoim sercu.

---

[*] Wegetarianizm uprawiany, kiedy to możliwe! Nie ma bowiem nic gorszego niż podróżniczka obsesyjnie trzymająca dietę. Poświęcę temu osobny rozdział.
[**] Cytat z wiersza Edwarda Stachury *Teatry dwa*.

Przepis na kulicz

Drożdże: 25 gramów, mleko (letnie): 4 łyżki, cukier: 1 łyżeczka, mąka: 2 łyżki, mąka (pszenna typ 650): 500 gramów, mleko (ciepłe): 0,5 szklanki, jajka: 2 sztuki, żółtka: 3 sztuki, masło: 150 gramów, olejek waniliowy, rodzynki: 100 gramów, skórka pomarańczowa 100 gramów.

Przygotować rozczyn: drożdże wymieszać z łyżeczką cukru, gdy się rozpuszczą, dodać 4 łyżki mleka i 2 łyżki mąki, wymieszać i odstawić w ciepłe miejsce do wyrośnięcia. Całe jajka i żółtka zmiksować z cukrem, aż będą puszyste i wyraźnie powiększą swoją objętość, następnie odstawić w ciepłe miejsce, na przykład do nagrzanego do 50°C piekarnika (wyłączonego), aby masa się podgrzała. Gdy rozczyn będzie gotowy, wlać do niego ciepłe mleko i roztrzepać. Nie przestając mieszać, dodać ciepłą masę jajeczną. Miskę przykryć ściereczką i odstawić w ciepłe miejsce do wyrośnięcia. Gdy masa podwoi swoją objętość, dodawać na zmianę po łyżce roztopionego ciepłego tłuszczu i mąki. Dokładnie wyrobić, aż ciasto będzie odstawało od ścianek miski. Pod koniec wyrabiania dodać rodzynki, wcześniej namoczone w rumie lub koniaku. Jeszcze przez chwilę wyrabiać, aby rodzynki połączyły się z ciastem. Nakryć ściereczką i ponownie odstawić. W tym czasie przygotować specjalne formy do kulicza (do kupienia w sklepach internetowych), wysmarować je masłem i obsypać bułką tartą, a na dno położyć krążek wycięty z papieru do pieczenia. Wyrośnięte ciasto wyłożyć na stolnicę i przez chwilę wyrabiać ręcznie, dodając odrobinę mąki. Z ciasta formować kuleczki wielkości sporej śliwki i wkładać do wcześniej przygotowanych foremek, wypełniając je do 1/3 wysokości. Nakryć ściereczką i odstawić. Gdy ciasto podrośnie do 3/4 wysokości formy, wstawić je do piekarnika nagrzanego do 180°C i piec około 30 minut. Za pomocą wykałaczki sprawdzić, czy ciasto jest upieczone. Po wystygnięciu kulicze polukrować i posypać kandyzowaną skórką pomarańczową.

Strach się bać!

Pamiętasz drzewko mangowca z pierwszego rozdziału? Jeżeli wybierasz się w daleką samodzielną podróż, mam niezbity dowód na to, że wydobyłaś się spod szklanego klosza, a w twoim wewnętrznym ogrodzie twoje własne drzewko śmiało pnie się do góry i zaczyna wydawać pierwsze owoce. To budzi niepokój otoczenia, zawiść, a czasem nawet wściekłość, zwłaszcza gdy jesteś kobietą. Społeczny scenariusz dla kobiety zakłada bowiem, że nawet jeśli jest to osoba pracująca, zarabiająca i pozornie niezależna, każde jej wzbicie się na wyżyny prawdziwej niepodległości musi zostać stłumione w zarodku, potępione. A czymże jest owa niepodległość? Po pierwsze wolnością od nieustannego oglądania się na to, co ludzie powiedzą. Po drugie – umiejętnością oszacowania osobistego ryzyka i podejmowania go w świadomy sposób. Jest ogromna różnica pomiędzy bezmyślnym rzuceniem się na głęboką wodę (jak zrobiłam ja, wyjeżdżając do obcego kraju bez pieniędzy, papierów, ubezpieczenia, znajomości języka i kontaktów) a podjęciem odważnej, dobrze przygotowanej życiowej próby.

Dlatego kiedy różne osoby z nieskrywanym podziwem mówią mi, że decydując się na ten gówniarski wyjazd na emigrację, byłam „odważna", mam ochotę roześmiać się im w twarz i czasem nawet to robię. Desperacja plus brak życiowego doświadczenia nie równa się odwaga. Równa się katastrofa. W moim przypadku nie doszło do niej tylko dlatego, że miałam szczęście do ludzi i bardzo wyostrzony instynkt przetrwania.

Moje mangowe drzewko wysiało się na dziko, zakorzeniło głęboko w ziemi i długo znosiło nieustannie ponawiane przeze mnie próby zniszczenia go. Jak prawie każda z was, tak i ja miałam bowiem wgrany przez kulturę i wychowanie program, w którym zapisano, że kobiety swoich drzew nie sadzą. Sadzić drzewa, budować domy i płodzić synów – to zadanie dla mężczyzn. A tak na marginesie – co z córkami? Hę?

Mimo że miałam do dyspozycji własne siły, intelekt, ducha i spryt, przez wiele lat rozpaczliwie szukałam kogoś, kto nareszcie się mną „zaopiekuje". Nakarmi, utuli w kojącym cieniu, da poczucie bezpieczeństwa. Musiałam wiele wycierpieć, wylać wiadro łez i niemal odebrać sobie życie z rozpaczy, zanim przypomniałam sobie, że przecież gdzieś w moim własnym wewnętrznym ogrodzie rośnie – co prawda z lekka skarlałe, ale przynajmniej dające jeść – drzewko. I wróciłam do domu. Do siebie. Podróże, zwłaszcza te samotne, bardzo mi w tym pomogły. Im dalej wyjeżdżam, tym bardziej wracam!

Zrobiłam porządki w swoim mocno zaniedbanym wewnętrznym ogrodzie, długo i mozolnie wyrywając chwasty, jakimi są poczucie niższości, lęk przed opuszczeniem i wykluczeniem, zawiść i złość. Zajęło mi to sporo czasu i nie udałoby się bez psychoterapii i pogłębionej pracy duchowej, co opisałam w książce *Na błędach! Poradnik – odradnik*. Aż pewnego dnia dostrzegłam, że mój ogród wygląda pięknie, a ja czuję się bezpiecznie, ponieważ sama potrafię o siebie zadbać. Wówczas wiele się zmieniło w moim życiu, także zawodowym. Zupełnie przestało mi zależeć na karierze w telewizji, zaczęłam pisać książki i intensywnie działać na rzecz praw kobiet, wykorzystując swój medialny zasięg do propagowania takich idei, jak siła i władza kobiet. Stworzyłam warsztaty Miejsce Mocy, na których dzielę się swoją siłą z innymi i uczę, jak „nie pękać" w obliczu trudnych rozmów, negocjacji i wystąpień. Także tych we własnym domu – wszak bywają one bardziej stresujące niż publiczne przemawianie w ramach zawodowych

obowiązków. Wreszcie poczułam, że zbieram plon! Mój mangowiec obrodził tak obficie, że po raz pierwszy w życiu „zrobiłam konfitury" – miałam oszczędności, a nie długi!

I wtedy zostałam brutalnie zaatakowana przez strażników oraz strażniczki starego porządku, w którym nie ma miejsca na prawdziwą niepodległość kobiety. Na wypowiadanie przez nią ryzykownych albo niewygodnych czy też dyskusyjnych myśli. Na niecenzurowanie się w imię świętego spokoju i na wędrowanie własną ścieżką bez męskiego strażnika u boku.

Kto czytał moje książki, ten sporo o mnie wie. Nie wybielam się w nich, nie tworzę sztucznej postaci z idealnego świata. W życiu kieruję się jednak wartościami, które są powszechnie uznawane za właściwe, czyli uczciwością i przyzwoitością w stosunku do siebie i innych. Nie głoszę na ich kartach pochwały kradzieży, nie nawołuję do mordu. Piszę o wolności kobiet i opowiadam o tym, jak wspaniale jest czuć się wolną, niepodległą i silną. To ostatnie doprowadziło do szału część osób, które o mnie usłyszały (bo nie sądzę, że przeczytały, co mam do powiedzenia).

Jeżeli masz siłę, wrzuć sobie w Google moje nazwisko i poczytaj, co na mój temat ma do powiedzenia część forumowiczów wszelkiej maści. To daje pewien wgląd w to, jaka może być reakcja otoczenia na urwanie się kobiety ze społecznej smyczy. Jasne, mój przypadek jest przeskalowany, ponieważ jestem osobą znaną. Wystarczy jednak sobie uświadomić, że wiader szamba, które leje się w internecie na głowy kobiet takich jak ja, nie napełniają mieszkańcy jakiegoś marsjańskiego wariatkowa z terapią zajęciową polegającą na redagowaniu hejterskich wpisów o Ziemiankach. Robią to zwykli ludzie – mężczyźni i kobiety żyjący obok nas. Być może mieszkający w naszych mieszkaniach, śpiący w naszych łóżkach, uczący nasze dzieci, sprzedający nam bułki w sklepie. Ci ludzie, z bardzo osobistych i smutnych powodów, nie mogą znieść, kiedy któraś z nas, kobiet, wyłamuje się i przestaje „pasować do obrazka".

Niewiasty mające odwagę wypowiedzieć niepisany kontrakt, na mocy którego każda posiadaczka pochwy ma żyć wedle oczekiwań, jakie stawia jej społeczeństwo, Kościół czy rodzina, te, które odebrały swoje ciała z kulturowego depozytu, postanowiły żyć po swojemu i jeść owoce z własnego drzewka (bywa ono też drzewkiem poznania dobrego i złego, co jest bardzo ważnym elementem całej zabawy!), budzą lęk i nienawiść, wywołują panikę.

Wydaje się, że nasze postępowanie, nasza niezawisłość, wolność wyboru i stanowczość odsyłają wielu obserwatorów do poczucia własnej niemocy i braku odwagi, by przeciwstawić się zastanemu stanowi rzeczy. Hejterzy płci męskiej, zwłaszcza ci prawicowi, nie mogąc dorwać takiej „suki" i zakazać jej ekstrawagancji, jaką niestety ciągle pozostaje w Polsce rzeczywiste samostanowienie kobiety, dają w swoich wpisach upust najdzikszym fantazjom erotycznym, które aż kipią od przemocy, fekaliów i żądzy upokorzenia. Hejterki zaś plują jadem, wyzywając przedstawicielki swojej płci od puszczalskich i dziwek, niegodnych czołgać się po tej ziemi, a co dopiero latać samolotami do dalekich krajów i jeszcze, o zgrozo, wrzucać do sieci fotki z pięknych miejsc! Wszyscy zgodnie zdają się krzyczeć z furią: Nie wolno ci! My ci, kurwo, nie pozwalamy! Każdą zdzirę, która się ośmieli żyć po swojemu, urządzimy tak, że jej rodzona mamusia nie pozna! Straszą, wystawiają do walki papierowego tygrysa z wielką paszczą pełną papierowych kłów, odpalają race zakupione na bazarku, szaleją. To ich problem, ich niezgoda, ich szaleństwo, a może nawet choroba.

Na forum internetowym czy w spożywczaku na rogu – nie bój się ludzkiego gadania. Nigdy. Fakt, że się wystraszysz, wycofasz i dostosujesz, niczego nie zmieni. Oni nie będą cię przez to bardziej szanowali. Gdyby był na to choć cień szansy, nie rzucaliby w ciebie granatami z gówna. Jak świat światem tchórze próbują powstrzymać odważnych, a głupcy mądrych. Słyszałaś o zjawisku schładzaczy? Otóż w wielu kasynach świata zatrudnia się

specjalne osoby, które wyrastają niespodziewanie obok kogoś, komu danego wieczoru wyjątkowo się szczęści, i zaczynają biadolić, jak to nie mają dziś farta, jak to nie idzie im karta, jak fatalnie się czują, a w ogóle co za beznadziejny wieczór! I szczęście w magiczny sposób ulatnia się znad zielonego stołu. Koniec zabawy! Szczęśliwy gracz zabiera swoje zabawki i opuszcza lokal. Kasyno nie traci.

Piszę o tym, aby cię ostrzec. Moment, w którym wypłyniesz na wody niepodległości i zaczniesz działać poza społecznym schematem, na przykład postanowisz wyruszyć samotnie w drogę, choćby do Białowieży, może wywołać – i prawdopodobnie wywoła – gwałtowną reakcję. Tylko świadome i niezależne duchem osoby przyklasną ci i dadzą wsparcie. Reszta, zależnie od stylu i temperamentu, może na różne sposoby starać się odwieść cię od tych planów.

Najczęściej spotykany i zarazem najskuteczniejszy sposób na to, by obrzydzić kobiecie samodzielną podróż, to straszenie strachem. Nie boisz się? Przecież to niebezpieczne! – na to jeszcze da się w miarę racjonalnie odpowiedzieć, przywołując statystyki, przysięgając, że będzie się siedziało non stop w zamkniętym na klucz pokoju hotelowym, oraz zmyślając sobie towarzystwo. Wtedy jednak pojawia się pytanko znacznie bardziej podchwytliwe i pokrętne: A nie boisz się, że będziesz się... BAŁA? I natychmiast uruchamia się filmik grozy, jeden z tych, które dostałaś jeszcze za dzieciaka w pakiecie ze wszystkimi „uważaj!", „nie rusz!", „nie idź", „nie da się". Biała noc murowana. Ziarno niepokoju zostało zasiane. O ile bowiem trudno się bać na zapas jakichś bliżej nieokreślonych strachów z drugiego końca świata, o tyle nasz własny lęk to konkretny przeciwnik. Już my wiemy, jak zamartwianie się, które przecież nie jest niczym innym niż lękaniem się właśnie, potrafi skutecznie uprzykrzyć życie! Już my wiemy, jak lęk potrafi dać w pióra o czwartej nad ranem we własnym łóżku! A co dopiero gdzieś tam, daleko, gdzie nie ma mowy o szybkiej akcji interwencyjnej ze strony męża, dzieci, rodziców, przyjaciółek, rodzeństwa – niepotrzebne skreślić. Tutaj pora powrócić do nauczania nieocenionej Susan Jeffers i jej mantry „Działaj mimo lęku!". Lęk dopadnie cię zarówno we własnym mieszkaniu, jak w Kłaju i Mumbaju. Nie rób więc scen – albo rób, ale poderwij swoje cztery litery i nie daj się zastraszyć czemuś, co jest tylko w twojej głowie. Moja odpowiedź na argument o strachu przed strachem to mina podpatrzona na tajskich maskach rytualnych – wielkie gały, wywalony jęzor, rogi z rozczapierzonych palców i wyjec komunikujący: Boojęęęę sięęę! Efekt murowany. Zwłaszcza jeżeli umiejętnie wykorzystamy element zaskoczenia.

Druga metoda zakłada strategię zgoła odwrotną: Będę się o ciebie bać! Nie możesz MI tego zrobić! Umrę ze strachu! Tutaj mamy zdecydowanie twardszy orzech do zgryzienia. Wyobraźnia podsuwa mi potężny świeży kokos! Taki jak ten, który dziś otworzył dla mnie jednym sieknięciem maczety gospodarz miejsca, w którym obecnie przebywam. A przebywam po raz kolejny na Sri Lance, którą uwielbiam za cudowne plaże, przepyszne jedzenie i najpiękniejszy na świecie uśmiech jej mieszkańców. Taka maczeta nadałaby się w sam raz do odcięcia zrogowaciałej, starej, dawno nikomu niepotrzebnej pępowiny. Argumenty typu „nie możesz MI tego zrobić" wskazują bowiem na to, że ktoś tu przegapił moment, gdy dorosłyśmy. Zerkamy w dowodzik, a tu psikus! Dorosłe jesteśmy od wielu lat!

Pewna słuchaczka moich warsztatów wybrała się na nie tylko po to, by usłyszeć pogadankę motywacyjną o podróżowaniu, która stanowi jeden z wielu punktów programu. Miała nadzieję, że pomogę jej znaleźć odpowiednie słowa, w których zakomunikuje ona swoim rodzicom, że wybiera się z ukochanym w miesięczną podróż do Azji. Miała pięćdziesiąt dwa lata. Starzy rodzice tak skutecznie przekonali ją, że każde jej oddalenie się od rodzinnego miasta wpędzi ich do grobu, że biedna niemal nigdy nie wyjeżdżała nawet na urlop nad pobliskie jezioro! A jeśli już, to

z rodzicami i psem! Tym razem jednak, drżąc, pocąc się i dusząc ze strachu, zakupiła bilet lotniczy i dokonała rezerwacji w poleconym przez przyjaciół miejscu gdzieś w Tajlandii. Wyjazd zbliżał się nieubłaganie, a kobieta wciąż nie powiedziała o nim rodzicom. Za każdym razem, kiedy chciała to zrobić, oblatywał ją taki cykor, że po prostu nie mogła. I ja też nie mogłam jej pomóc. Jeśli należysz do osób, które dają się w taki sposób terroryzować komukolwiek ze swojego otoczenia, jeśli ulegasz podobnemu szantażowi psychicznemu, to znaczy, że za środki przeznaczone na daleką podróż warto wybrać się do dobrego terapeuty. Jeśli natomiast jesteś w stanie delikatnie, ale stanowczo zapewnić czyniącą naciski osobę, że nic jej się nie stanie, a ty ze swej strony postarasz się regularnie kontaktować i uważać na siebie – ruszaj śmiało!

W Polsce – inaczej niż na przykład w Stanach Zjednoczonych – osoby, którym dobrze się powodzi, są traktowane podejrzliwie. Często są też nielubiane i notorycznie wpędzane w poczucie winy. Dlatego dzień, w którym zgromadzisz środki na wymarzony bilet lotniczy i zaanonsujesz w swoim środowisku, że oto wybywasz na dłużej, będzie dniem, w którym dla części znajomych i rodziny staniesz się zarozumiałą bogatą snobką i utracjuszką, która nie wie, na czym polega prawdziwe życie. Stanie się tak, choćbyś wcześniej głodowała, by na podróż uzbierać, przez rok niczego sobie nie kupowała i drałowała do pracy piechotą. Po prostu – tak to działa. Nic na to nie poradzisz. Kiedy na swoim facebookowym profilu ogłaszam kolejne wyjazdy na warsztaty w Azji, które są częścią przemyślanej także pod kątem kosztów wyprawy ze zwiedzaniem, spaniem w małych hotelach i obcowaniem z kulturą danego miejsca, za każdym razem zbieram w komentarzach bęcki za koszt wycieczki. To nic, że wyjazd z nami jest tak naprawdę tańszy niż oferty wielkich biur podróży, które nie mają wiele do zaoferowania poza masówką w stylu all inclusive. I nic to, że wliczone w koszt warsztaty Miejsce Mocy są skalkulowane identycznie jak te w Polsce. Nie ma też znaczenia, że inne znane osoby, zabierając w podróże swoich fanów, liczą własne honorarium co najmniej w dziesięciokrotności mojego. Daleki wyjazd jest w Polsce traktowany jak luksus, świadczący o obrzydliwym bogactwie, więc licz się z niewybrednymi komentarzami mającymi wpędzić cię w poczucie winy. Bo przecież „rozwalasz pieniądze na głupoty, zrobiłabyś remont w łazience albo coś potrzebnego kupiła dzieciakom". Jak bowiem wiadomo, matka dzieciom nie ma prawa myśleć o sobie, siebie rozwijać i sobie sprawiać frajdy bez poczucia winy. Ja tam sądzę, że fajna matka to taka, która ma szerokie horyzonty, zna świat i zna życie, pewnie kroczy przed siebie, ma siłę i wewnętrzną moc. Podróże tego właśnie uczą.

Fizyka kwantowa dowodzi, że najmniejsze cząsteczki materii zmieniają swoje zachowanie zależnie od tego, czy ktoś je obserwuje. To przecież zupełnie jak my! Nie trzeba być fizykiem kwantowym ani nawet mieć matury, by szybko się połapać, że w otoczeniu ludzi życzliwych, patrzących na nas z sympatią, wszystko wychodzi nam lepiej. Kiedy próbowałam robić karierę jako aktorka, mój tata, bardzo doświadczony w pracy z publicznością, udzielił mi tylko jednej rady: „Dopóki nie będziesz naprawdę gotowa, nie ćwicz scen w obecności postronnych osób. Zwłaszcza aktorów, którzy nie biorą udziału w przedsięwzięciu. Nic tak nie zaszkodzi twojej pracy jak ŻABIE OKO". Nieżyczliwe, niechętne spojrzenie i złośliwe albo krytyczne słowo rzeczywiście potrafią skutecznie odebrać pewność siebie.

Dolina dobrej samotności

Dolinek ciche przestrzenie,
trawy w szarych chustach,
górskie złote łańcuchy,
Mazur zielone lustra.
Burzliwe rzeki, potoki,
ziemne rozpadliny,
wygrzane i pachnące
poszyciem wykroty,
drogi stare i nowe,
po których błądzimy,
z plecakiem pełnym wspomnień
i pełnym tęsknoty.
Ogrody ciche, podlane
ręką kochającą,
i jabłonka półdzika,
zgubiona wśród lasu.
Przy niej kilka kamieni
przegląda się w słońcu,
kontur domu spisany
na tabliczce czasu.
Ostrewki na naszym brzyzku,
gdy kończy się lato,
ozimina w słońcu marcowym zielona,
Kasprowy Wierch,
gdzieśmy razem szusowali, Tato,

Twoja kurtka narciarska,
z fasonem noszona.
Wszystko, cośmy kochali
i co mi zostało,
zapisane przez Ciebie
w cichym testamencie,
powiada mi,
że czasu mieliśmy za mało,
choć byłeś przy mnie na każdym
ostrzejszym zakręcie.
Kiedy się pozbieram,
wyruszę w zachwycie,
mocno trzymając kompas,
by złe drogi skracać.
Będę i zaśpiewam: „Ech,
życie, kocham cię nad życie!",
Pamiętając Twą radę:
Nie bój się zawracać!

Ten wierszyk, który szybko stał się piosenką, napisałam dzień po pogrzebie mojego Taty. Jego odchodzenie – w ogromnym cierpieniu i bez możliwości poskarżenia się albo choćby podzielenia tym, co czuje – było dla mnie wstrząsającą lekcją samotności. Wtedy też dotarło do mnie z całą mocą, że póki jesteśmy tu, w swoim fizycznym ciele, z każdej wędrówki możemy jeszcze zawrócić.

Dzisiaj już wiem, że miałam rację, nie oglądając się na innych, nie przejmując ich zdziwieniem i osądzającym spojrzeniem, a często okrutnym słowem, kiedy zawracałam z różnych życiowych dróg i wędrowałam – po swojemu, nieprzetartym szlakiem. Może i poniosłam tysiąc porażek, może tysiąc razy wyszłam na idiotkę, ale żyję. A póki żyję, mogę próbować, szukać, zmieniać. I tak kształtować swoją osobowość i ducha,

bym w dniu, kiedy stara Indianka podpłynie swoim czółnem do brzegów mojego istnienia, żeby zabrać mnie na drugą stronę, nie bała się do niego wsiąść.

Chcę mieć tę moc i robię wszystko, by ją wypracować. Dlatego medytuję, ćwiczę jogę i pracuję z wyobraźnią. To ostatnie doprowadziło mnie do odkrycia wspaniałego ćwiczenia, którym chciałabym się z tobą podzielić.

Ćwiczenie

Usiądź w wygodnej pozycji na krześle lub na podłodze ze skrzyżowanymi nogami, wyprostuj plecy, zamknij oczy i głęboko, przyjemnie oddychając, przenieś się w wyobraźni w piękne miejsce blisko natury. Może to być zalana słońcem plaża, brzeg jeziora, łąka albo leśna polana. A teraz postaraj się wyobrazić sobie siebie jako bardzo starą kobietę. Osobę, która już wszystko przeżyła i wszystko wie. Jest gotowa rozstać się z życiem. Jest ufna, spełniona i bardzo szczęśliwa. Zna odpowiedzi na wszystkie pytania dotyczące twojego życia. Jest spokojna, łagodna, uśmiechnięta i pełna humoru. Jej stare ciało jest zdrowe i krzepkie, wciąż pełne życia, a twarz emanuje spokojem i pogodą ducha. Przypatrz się sobie uważnie. Jak wyglądasz? Jakie masz dłonie? Jakie stopy? Ubranie? Włosy? Postaraj się, aby obraz był możliwie najpełniejszy. Weź swoje stare ręce z przyszłości w swoje dłonie, popatrz w swoje stare oczy. Poczuj głęboką mądrość, jaka będzie twoim udziałem na koniec życia, przywołaj na twarz uśmiech i obiecaj sobie w myślach, że odtąd będziesz pełna odwagi i śmiałości. Na koniec wizualizacji przytul mocno siebie – staruszkę – i powiedz jej, że ją kochasz. Wracaj do niej tak często, jak się da. Nadaj jej takie cechy, jakie kojarzą ci się z piękną starością. Może się zdarzyć, że staruszka będzie chciała coś ci powiedzieć. Zawsze zapisuj to, co ci przyjdzie do głowy tuż po wizualizacji.

Dolina dobrej samotności

Jeżeli pierwszym słowem, jakie kojarzy ci się z samotną podróżą, jest „lęk", to znaczy, że masz kłopot. Najważniejsza, bo ostateczna wycieczka, jaka czeka każdą z istot ludzkich, będzie wyprawą samotną. Brzmi brutalnie, ale taka jest prawda. Nie zabierzesz ze sobą ulubionej kumpeli, męża ani przewodnika. Nikt cię nie ochroni, nie zdejmie z piersi paraliżującej obręczy lęku przed nieznanym. To po prostu się stanie. Wyruszysz – czy tego chcesz czy nie – samotnie. Nie wiadomo, co jest po drugiej stronie. Wiesz o tym, a jednak histeryzujesz, że sama boisz się pojechać w Tatry na weekend? No, chyba że z dziećmi! Wszak kiedy się opiekujesz i troszczysz, od razu jest ci raźniej, prawda? Wtedy wchodzisz w rolę, do której nasza kultura trenuje cię od kołyski. I od kołyski zabrania ci widzieć swoje życie w całej jego perspektywie. Mówią: skończ szkołę, znajdź kogoś, ułóż sobie życie, zajmij się dziećmi. Nie mówią: szykuj się na lata dojrzałe i starość, korzystaj z życia, szukaj, błądź i wyciągaj wnioski.

Na początku moich warsztatów Miejsce Mocy zadaję uczestniczkom proste pytanie: „W czym jesteś świetna?". Przeważająca część odpowiedzi brzmi: „Jestem świetna w opiekowaniu się innymi, w empatii, w słuchaniu, w organizowaniu innym życia i w rodzinnej logistyce, w pomaganiu...". Często mówią to kobiety pracujące, mogące się pochwalić ogromnym dorobkiem, kobiety z sukcesem mierzonym w stanowiskach i wysokich zarobkach. Przecież każda z nich musi być świetna w tym, co robi, aby znajdować się na tym szczeblu zawodowej drabiny! Wiele z nich to wysokiej klasy profesjonalistki. Ale kiedy mają się czymś pochwalić, od razu wyskakuje opiekuńczość i bycie w relacji z innymi. Dla kogoś. Na rzecz innych. Kiedy pytam o to samo mężczyzn, ich odpowiedzi dotyczą kompetencji zawodowych, niektórzy chwalą się, że są świetnymi kierowcami, narciarzami czy nurkami.

Nie potrzeba wielkiej psychologii, by zrozumieć, skąd to się bierze. Prawie każda kobieta doskonale wie, że od samego początku jej życia promowane są u niej cechy takie jak opiekuńczość, współczucie, dbałość o innych. Oczywiście istnieją wyjątki od tej reguły. Są wśród kobiet egoistki i psychopatki, które zgoła inaczej urządzają życie sobie i innym. Statystyczna większość z nas czuje jednak w kościach, o co mi chodzi. Kiedy do tego treningu opiekuńczości dołożymy kulturowe klątwy typu „dziewczyna nie może przez świat iść całkiem sama" oraz „ułożyłabyś sobie wreszcie życie", mamy gotowy przepis na człowieka, który, choć potrzebuje tego jak kania dżdżu, za cholerę nie potrafi pobyć sam. Czy raczej sama. Zdarłam pióro oraz gardło na namawianiu kobiet, by dały sobie prawo do odrobiny luksusu, jaką jest dobra samotność, choćby przez kilkanaście minut dziennie. Bez celu, bez zaangażowania (nawet myślą!) w cudze sprawy, bez zgiełku, muzyki, telewizora ani innych bodźców. Wszyscy jesteśmy „przebodźcowani", a kobiety w szczególności. Po kim to nieustannie wspinają się małe dzieci, do kogo non stop nawijają, do kogo jękolą, marudzą, piszczą? Kto łączy pracę zawodową na najwyższych obrotach z prowadzeniem domu, pomaganiem w lekcjach, sprzątaniem, zakupami, jeżdżeniem do starej cioci, by pomóc jej się umyć, itd., itp.? Jednak mimo to przeważająca część z nas nie potrafi dać sobie chwili wytchnienia. Jak katarynki powtarzamy, że nie potrafimy być same. Każde wyjście czy wyjazd obstawiamy ludźmi, którymi w konsekwencji albo musimy się zajmować, albo przejmować, albo chociażby ich zabawiać.

Nie będę udawała, że zawsze potrafiłam być sama i samotnie podróżować. Nie czarujmy się. Chociaż doświadczyłam w życiu wielu rodzajów samotności, jej dobry wymiar, taki, który osiąga się, zyskując kontrolę nad swoim życiem i rozchwianymi emocjami, poznałam koło czterdziestki. Wcześniej życie wielokrotnie podsuwało mi okazje do docenienia własnego towarzystwa, jednak ja uporczywie trwałam w przekonaniu, że okej – może i jest przyjemnie, może i wypoczywam, ale buuuu, nie mam z kim się podzielić tym pięknem, zachodem słońca, krajobrazem, potrawą, porankiem, wieczorkiem... A skoro nie mam się z kim podzielić,

to wszystko jest do niczego. Żal tyłek ściska. A mogłam sprawę ustawić bardzo wcześnie. Było tak blisko! Oto bowiem jeszcze przed dwudziestką dostałam od losu prezent w postaci niebanalnej randki z własną osobą.

    A było tak: jako dziewiętnastolatka mieszkałam w Paryżu we współlokatorskim mieszkaniu – na kupie z kilkoma innymi osobami – i strasznie tęskniłam za ojczyzną. Nieustannie zadręczałam wszystkich, zarówno tych, którzy chcieli, jak i tych, którzy nie chcieli mnie słuchać, opowieściami o Polsce, krainie tonącej w puszystym śniegu, po którym pędzą sanie rodem z baśni Andersena. Ja zaś jestem tam małą rozbójniczką i choć może nie mam własnego renifera, to mogę mieć! Cóż to dla mnie taki renifer? W krainie emigranckich, tęsknych rojeń po tanim winie czy też zwietrzałym blanciku wszystko jest możliwe. I tak opowiadałam, konfabulowałam, koloryzowałam, wręcz bezczelnie kłamałam o moim kraju w żywe, acz mocno znudzone oczy francuskich przyjaciół, aż się doigrałam. Pewnego dnia osiągnęłam taki stopień upodlenia tęsknotą, że wyciągnęłam z konta ostatnie franole i nie bacząc na wszystko, udałam się na Place de la Concorde, skąd odprawiały się w tamtych latach autokary do Polski. Po dwudziestu czterech godzinach wysiadłam przy ośnieżonym placu Defilad w Warszawie, po czym udałam się prosto do domu rodziców, gdzie wzięłam prysznic, zjadłam pomidorową i pobrawszy klucze od naszego domku w Kościelisku, udałam się na nocny pociąg do Zakopanego. Po prostu potrzebowałam tam pobyć. Popatrzeć na Giewont, posiedzieć na tarasie z kawą oraz kromką chleba posmarowaną serkiem topionym „złoty ementaler". Przez całą tę długą podróż do Polski, a potem do Zakopca działałam „na rdzeniu", instynktownie, jak zwierzę, które szuka tego, co dla niego dobre, i zawsze bez pudła to znajduje. Nie zastanawiałam się nad brakiem towarzystwa, nie myślałam o tym, czy będę się nudzić albo czy nie będzie mi smutno.

O świcie na najpiękniejszym z najbrzydszych światowych dworców podreptałam do baru mlecznego, zamówiłam "fas- -bret, siódme płukanie", jak Tata zwykł nazywać fasolkę po bretońsku podawaną w tego typu zakopiańskich przybytkach, dopiłam bawarkę, po czym złapałam busa i wraz z pierwszą zorzą stanęłam przed drzwiami naszego wyziębionego domeczku. Od razu zabrałam się do palenia w kominku i wymiatania mysich kup, bo dom długo stał pusty. Kiedy już się z tym ogarnęłam, a temperatura we wnętrzu nieco podskoczyła, wlazłam z książką i kubasem herbaty pod wielką pierzynę, powleczoną sztywną od krochmalu poszwą, ukokosiłam się i tak spędziłam resztę dnia. Wieczorem ugotowałam sobie kaszę gryczaną, której w Paryżu nie uświadczysz, wypiłam kolejną herbatę – tym razem dolewając do niej resztkę rumu, którą znalazłam w barku – i zapadłam w błogi, samotny sen, tuląc się sama do siebie i sama sobie opowiadając bajki na dobranoc.

Dzień wstał piękny i mroźny. Odszukałam w piwnicy stare narty oraz z lekka już przymały kombinezon, na głowę wcisnęłam pamiętającą złote czasy rządów Gierka czapkę matki i tak wyszykowana ruszyłam do Kuźnic, a stamtąd, po rytualnym oczekiwaniu – na Kasprowy Wierch, górę świętą, górę mityczną. Górę mojej wielkiej narciarskiej inicjacji we mgle gęstej jak góralska śmietana. Górę, po której zjeżdżałam z moim młodym, pięknym Tatą, odzianym w obcisłe czerwone spodnie i krótką czarną kurtkę Rossignol. Tata po pierwszym trawersie do Kotła Gąsienicowego przystawał, rozglądał się, zdejmował ciemne okulary, przecierał je i dopiero wtedy ruszał dalej, udając, że nie zauważa spojrzeń pięknych i niepięknych narciarek. One też przystawały, po czym ruszały, kręcąc elegancką christianią aż do dolnej stacji kolejki, gdzie czekałam ja. Bo zawsze jeździłam szybko. Brzydko, ale szybko. Tata puszczał mnie przodem i wsiadaliśmy na pojedyncze krzesełka, które unosiły nas wysoko ponad stok, niebezpiecznie kołysząc się na wysokości. Na górze okazywało się, że mam zmarznięte stopy, więc szliśmy do środka na tatarka, bigos i herbatę. Tata rozcierał mi nogi, raz po raz chuchając mi w palce wilgotnym ciepłem...

Kiedy wracasz do takich wspomnień, w ważne miejsca, w których jeszcze krążą pojedyncze fotony dawnych chwil, jesteś sama ze sobą na sto procent. To ważne i cenne doświadczenie, kompletnie pomijane w procesie wychowania. Żyjemy w świecie, w którym dzieci karze się samotnością. „Idź do pokoju i posiedź SAMA, aż się uspokoisz!". Smutne. Uczy nas to, że bycie sam na sam ze sobą to coś strasznego, a przecież powinno być odwrotnie. Wtedy oczywiście się nad tym nie zastanawiałam.

Samotne dobre godziny na nartach płynęły, a ja czułam, jak ładuje się mój akumulator. Do czasu. Oto bowiem pewnego wieczoru w moich drzwiach stanął człowiek z plecakiem i przekrzywioną czapką uszatką. Wielkie zaparowane bryle zasłaniały mu pół twarzy, więc minęła chwila, zanim dotarło do mnie, że mam do czynienia z moim paryskim kolegą, a właściwie znajomym znajomych, który nasłuchawszy się ode mnie o cudownościach mej ojczyzny, zapragnął osobiście posmakować surowego życia pośród śniegów Podhala. Adres zdobył bez trudu, zadzwoniwszy do mojej współlokatorki, i po prostu przyjechał. Skubany.

Ciemno, zimno i do Paryża daleko, więc, chcąc nie chcąc, wpuściłam go za próg i udzieliłam schronienia. Chłopak błyskawicznie rozpanoszył się w mej samotni – non stop nawijał w języku Balzaca, włączył telewizor („Ach, to jednak macie tu telewizję!"), w obrzydliwy sposób maczał bułkę w gorącym mleku, mlaskał i – co najgorsze – snuł dalekosiężne plany dotrzymania mi towarzystwa.

Rano, widząc, jak babrze się chlebem umoczonym w kawie, postanowiłam, że po prostu muszę się od niego uwolnić.

Dotarło do mnie bowiem coś, z czego nigdy wcześniej nie zdawałam sobie sprawy: moja samotność jest skarbem. Potrzebuję jej i nie chcę uronić ani minuty. Niestety, nieproszony gość okazał się odporny na wszelkie próby delikatnej perswazji. Żadna aluzja ani gra półsłówek nie trafiały do jego głowy, zachwyconej polską zimą i widokiem Tatr za oknem. Ja tymczasem czułam, jak bezpowrotnie topnieją kolejne godziny, które mogłam spędzić solo, z nikim nie gadając (zwłaszcza po francusku!), nikomu niczego nie organizując i od nikogo nie zależąc. Facet snuł się za mną krok w krok, popisując się manierami troglodyty, siorbiąc zupę przy stoliku w zakopiańskiej Halamie*, pociągając jak fornal zakatarzonym nosem i gadając bzdury, które musiałam tłumaczyć skonfundowanym, nobliwym pensjonariuszom tego zacnego miejsca.

Wreszcie wzięłam się na sposób i poprosiłam znajomą, żeby wpadła do mnie podczas obiadu z niecierpiącą zwłoki informacją o jakimś doniosłym wydarzeniu rodzinnym, które zmusza mnie do natychmiastowego powrotu do Warszawy. Warto przypomnieć, że działo się to w prehistorycznych czasach, kiedy nie tylko ludzkości nie śniły się telefony komórkowe, ale też w wielu domach nie było tych stacjonarnych. Plan się powiódł i już po godzinie czy dwóch jechałam z (pustą) walizką na dworzec kolejowy (modląc się, by fakt, że w rozkładzie nie ma aktualnie żadnego pociągu jadącego do stolicy, się nie wydał), a mój samozwańczy towarzysz – na przystanek PKS, skąd miał się udać do Krakowa czy gdziekolwiek bądź, byle dalej ode mnie. Trudno opisać ulgę, jaką odczułam po powrocie do pustego domu.

W aktorstwie istnieje pojęcie „fiksowania", czyli utrwalania. Kiedy już trafisz na właściwą interpretację tekstu, reżyser mówi: „Zafiksuj to!", co znaczy, że masz zapamiętać tę właśnie

---

* Halama – legendarny dom pracy twórczej ZAiKS-u w Zakopanem, znany z tego, że gościli w nim najwięksi polscy twórcy.

wersję całej sytuacji i już niczego nie zmieniać. Aktor zawodowy tym między innymi różni się od amatora, że potrafi „zafiksować" i nie kombinuje przy każdym kolejnym przedstawieniu zależnie od własnego stanu ducha. Jasne, że pewne drobiazgi ulegają korekcie czy też ewolucji, ale zasadniczo to, co zafiksowane, zostaje i już. Niestety w życiu zawsze jesteśmy amatorami i musimy pomylić się co do interpretacji niezliczoną ilość razy, aby pewnego dnia nareszcie „zafiksować", co dobre. Zamiast wyciągać własne wnioski z osobistych doświadczeń, ciągle grzebiemy w starych scenariuszach, a w tych ktoś kiedyś zapisał, że samotność to kanał, smuta, nuda i poruta. Piszę o tym, dlatego że już wtedy powinnam była porządnie wbić sobie do głowy i „zafiksować" ów stan, a właściwie błogostan, kiedy to zostałam sama ze sobą i widokiem na szary, posępny Giewont, z kubkiem kawy w jednej dłoni i pewnie z fajką w drugiej (paliłam wówczas jak smok), i już na zawsze trzymać się tego, czego się nauczyłam. A mianowicie, że samotność jest okej. Że jest mi niezbędna do konstruowania siebie. Że w samotności, jeśli ją świadomie wybieramy, jeśli potrafimy znaleźć dla niej miejsce w naszym życiu, nie ma nic złego.

Ale nie. Oczywiście, że nie. Przez kolejne lata uganiałam się za towarzystwem, wmawiałam sobie smutek i porzucenie, kiedy tylko zdarzało mi się nie mieć towarzystwa, aż wreszcie wytworzyłam w sobie przymus nieustannego wchodzenia w interakcję, gadania, byle gadać, i zajmowania się sprawami innych. Zgodnie z zasadą, która mówi, że najpierw to my wytwarzamy nawyk, a potem to nawyk wytwarza nas. Nawyk dawania sobie okresów wyciszenia i zdrowej samotności skutkuje wzbogaceniem twojej osobowości o takie cechy, jak niezależność, samowystarczalność i odwaga poza strefą komfortu. Nie sztuka być superskuteczną, pewną siebie babką we własnym biurze i domu. Sztuką jest być kimś takim w obcym miejscu i wśród nowych ludzi, kiedy nie wiemy, co się kryje pod nazwami potraw w karcie i na mapie. Sztuką jest nie panikować, kiedy nie znamy języka i jesteśmy zdane na komunikowanie się z ludźmi na migi.

Ja w kwestii czarów, czyli nic nie dzieje się przypadkiem

Indonezja. Cudny tradycyjny balijski dom przerobiony na luksusowy butikowy hotel. Czekałam na grupę, która przyleciała z Polski na moje warsztaty i właśnie podążała autobusem w kierunku bazy. Przed nami kilkanaście dni zwiedzania, wspólnego medytowania, pracy nad wewnętrzną mocą, odwagą w podejmowaniu trudnych zadań i decyzji oraz codzienna intensywna joga. Wystroiłam się w nową sukienkę w kolorze ciemnego wina, rozpuściłam włosy i wymalowałam oczy kajalem[*], który oprócz bronzera i wodoodpornego tuszu jest jedynym kolorowym kosmetykiem, jakiego używam w tropikach. Ogród tonął w ciemnościach, rozpraszanych tylko delikatnymi światełkami lampionów, aromatyczny dym z kadzideł snuł się między budynkami i wspinał po rozłożystych liściach egzotycznych krzewów gęsto porastających przestrzeń między nimi. Tradycyjny balijski dom może się bowiem składać nawet z kilkunastu otoczonych wspólnym

---

[*] Kajal – pasta lub sztyft do makijażu używany w Indiach. Występuje też pod nazwą *surma* bądź *sirma*, *kanmashi* (po malajsku), *kaadige*, *kaatuka* i *kan mai*. Jest używany do podkreślenia oczu przez indyjskie kobiety i mężczyzn. Dzieciom maluje się nim oczy i brwi, aby odpędzić tzw. złe oko. Stosuje się go na linii wodnej (wewnętrzna linia dolnej powieki), uzyskując efekt wybielenia gałki ocznej i podkreślając kolor tęczówki. Zdarza się, że niektóre jego formy aplikowane są również na zewnętrzną część górnej i dolnej powieki. Kajale są proste w użyciu, mocno napigmentowane i dają efekt intensywnej czerni. Kajal chroni też oczy przed działaniem promieni słonecznych, piasku i pyłu. Ma działanie odkażające i chłodzące.

murem, odrębnych, bogato zdobionych budynków, z których każdy zajmuje inna część licznej, wielopokoleniowej rodziny. W centralnym jego punkcie znajduje się rodzinna świątynia, a nieopodal wspólna zadaszona jadalnia.

Do każdego budynku prowadzą dość wysokie schodki, niestety potwornie śliskie, kiedy pada deszcz. Mogłam się o tym przekonać, kiedy postanowiłam na chwilę opuścić swój punkt obserwacyjny i udać się do gospodarzy po wodę. Wystarczył jeden nieuważny krok i wykonałam salto, lądując na trawniku przed tarasem. Prawy łokieć, na który upadłam, wygiął się w dziwaczny łuk. Ból i ciemność przed oczami. Sukienka zadarta do połowy klatki piersiowej, majtki i cycki na wierzchu, kajal rozmazany na płaczącego Pierrota. Czyjeś ręce podniosły mnie do góry, ktoś poprawił i wygładził sukienkę, ktoś inny przyłożył lód do łokcia i podał mi szklankę wody. Moje ramię, przedramię i staw łokciowy przybrały kształt wielkiej bani. Panika.

Byłam cholernie daleko od jakiegokolwiek miasta, za chwilę miała tu przyjechać grupa kilkunastu kobiet, które właśnie dla mnie pokonały pół świata, wydając na to mnóstwo pieniędzy. Jutro joga, a ja mam nie tylko tłumaczyć całą sesję, ale też pomagać nauczycielowi w korygowaniu ćwiczących. Najważniejsze to sprawdzić, czy nie ma złamania – z tą myślą zaczęłam obmacywać kość i zginać łokieć. Bolało, ale chyba nie było tragicznie.

Pojawił się gospodarz tego cudnego miejsca – Putu, człowiek, który bez żadnego estetycznego zgrzytu wygląda jak Elvis i azjatycki mistrz duchowy w jednej osobie. Górą błyszcząca koszulka z czarnej lycry i kilka sznurków świętych korali z nasion rudraksha[*], za uchem kwiatek, na czole znak z czerwonego proszku i kil-

---

[*] Rudraksha, czyli mala wąskolistna (łac. *Elaeocarpus angustifolius*) – gatunek drzewa z rodziny eleokarpowatych, dziko rosnący w Chinach. W hinduizmie naszyjniki z nasion rudraksha często są owijane wokół ramion i szyi dla ochrony przed nieczystymi mocami. W siwaizmie używany jest powszechnie do odliczania mantr podczas medytacji i wyrecytowanych modlitw.

ka nasion święconego ryżu, czarne włosy, zaczesane w stylu lat sześćdziesiątych, przytrzymane lustrzankami Ray Ban, do tego biały sarong[*], a na palcach pierścienie Arabeli[**]. Uśmiech od ucha do ucha, dobroć wymalowana na szerokiej twarzy.

– Oj, Paulin, Paulin! (w Azji nikt nie chce wymawiać „a" na końcu mojego imienia). Jeżeli koniecznie chcesz, to zawiozę cię do szpitala dla białasów. Tam wsadzą cię w gips, czy kość jest złamana czy nie, bo oni tacy już są i nic im nie przetłumaczysz. Albo poczekaj do rana, to pojedziemy do naszego człowieka. On prześwietli łokieć i wyleczy na miejscu.

– Hm... Jak to na miejscu? – Nie do końca rozumiałam, co Putu ma na myśli.

– Normalnie. Naprawi rękę i z głowy! Pojutrze będziesz ćwiczyć jogę! – stwierdził, jakby to była najnormalniejsza rzecz na świecie.

Nie było nad czym się zastanawiać. To znaczy było, ale ja się nie zastanawiałam. Stwierdziłam, że najgorsze, co może się stać, to zagipsowanie łokcia na kilkanaście godzin. Miałam już wcześniej do czynienia z tradycyjną medycyną w różnych krajach Azji i nie raz słyszałam wypowiadane z podobną pewnością słowa. Łyknęłam mocny środek przeciwbólowy, zawiązałam sobie gustowny temblak z szala i wyszłam powitać moją grupę, bo autokar właśnie wtoczył się na podjazd.

Przez noc ręka jeszcze bardziej spuchła, ale ból jakby się ustabilizował. Nadal paliło i rwało, ale przynajmniej na równym poziomie.

Drugiego dnia wraz z jedną z uczestniczek wyprawy, która od kilku lat skarżyła się na starą kontuzję w dolnym odcinku

---

[*] Sarong – spódnica upięta z pasa tkaniny, noszona przez mężczyzn w Indiach i krajach Azji Południowo-Wschodniej.
[**] *Arabela* – serial dla dzieci i młodzieży produkowany w Czechosłowacji (1978–1980). Ogromny magiczny pierścień z tego filmu na zawsze pozostał jednym z symboli dzieciństwa dla przedstawicieli mojego pokolenia.

kręgosłupa, ruszyłam do oddalonego o kilkanaście kilometrów ni to szpitala, ni świątyni. Przed wejściem kłębił się tłum Balijek i Balijczyków z rozmaitymi kontuzjami i złamaniami. Nie brakowało też kilku ambulansów, w których na wizytę oczekiwały osoby leżące na noszach. Menedżer hotelu, wysłany z nami jako asysta, wyjaśnił, że miejscowy spec od połamanych kości i przestawionych dysków jest znany na całej wyspie, a z jego usług chętnie korzystają też nowoczesne szpitale.

W rogu tego egzotycznego przybytku znajdowała się niewielka budka z napisem „RTG", a świeżo wywołane zdjęcia powiewały na wietrze niczym czarno-białe chorągiewki modlitewne. Po przeciwległej stronie podwórza pyszniła się kapliczka, zdobna w girlandy z kwiatów oraz tysiące kadzidełek i lampek, w której, wcześniej poinstruowane, złożyłyśmy ofiarę z owoców, kwiatów i kleistego ryżu zawiniętego w liść bananowca, a także kilka dolarów. Pomedytowałyśmy chwilę, jak należy, po czym ustawiłyśmy się w kolejce.

Uzdrowiciel zbadał moje ramię i stwierdził, że mam naderwany mięsień, naciągnięte ścięgno i mocne stłuczenie. Pomasował, pomodlił się, potrzymał ręce nad bolącym miejscem i... opuchlizna zniknęła w oczach! Już następnego dnia, zgodnie z zapowiedzią Putu, ćwiczyłam jogę i radośnie stałam na głowie, pomagając sobie dwoma łokciami.

Kontuzja mojej koleżanki została usunięta w ten sam sposób, a nasze zdziwienie i szok bardzo dziwiły i zaszokowały naszych gospodarzy. Po powrocie do hotelu gawędziliśmy z nimi o sposobach uzdrawiania i uśmierzania bólu w różnych miejscach świata. Dowiedziałam się przy tej okazji, że Putu przyjaźni się z jednym z najpotężniejszych uzdrowicieli duchowych w całej Indonezji. Nie byłabym sobą, gdybym, jak to dziś lubi mówić młodzież, nie „wsiadła mu na banię", by natychmiast do niego zadzwonił i poprosił o audiencję dla mojej grupy. Trochę się opierał, twierdząc, że tak z dnia na dzień to nie wypada, ale błyskawicznie zebrałam

listę chętnych i ustaliłam, ile najwięcej jesteśmy w stanie zapłacić mistrzowi za wizytę.

Połowa uczestniczek wyjazdu borykała się z rozmaitymi problemami zdrowotnymi, druga połowa chciała po prostu zobaczyć z bliska, jak pracuje wielki szaman. Wszystkie zadeklarowały chęć poddania się zabiegowi otwarcia czakr* i podniesienia swojej życiowej energii. Wobec nacisku grupy zdecydowanych blondyn oraz zebranej przez nas niebagatelnej kwoty stu dolców od łebka Putu skapitulował i zatelefonował do mistrza. Ustalono, że ten przyjedzie do nas nazajutrz przed kolacją i będzie pracował do późnej nocy.

Szaman okazał się zażywnym pięćdziesięciolatkiem o atletycznej budowie i zaraźliwym śmiechu. Wraz z nim w naszym balijskim domu pojawiło się ośmiu pomagierów w różnym wieku, od lat nastu do stu, każdy z obowiązkowym kwiatkiem za uchem, śladami święconego ryżu na czole i uśmiechem, który sam z siebie z całą pewnością działał terapeutycznie.

Gospodarze rozpalili kadzidła i rozłożyli maty do jogi w centralnym punkcie jadalni, a obsługa nieustannie krążyła pośród nas z napojami i przekąskami. Mistrz wyjaśnił, że w pierwszej kolejności musi się zająć osobą, która spowodowała całe zamieszanie – sprawdzić, z jaką energią ma do czynienia, i ewentualnie coś tam wyregulować, niczym w radioodbiorniku, aby mogła mu pomagać jako tłumaczka i wsparcie duchowe dla pacjentek. Tak więc poszłam na pierwszy ogień, nie pierwszy raz

---

* Ćakra, czakra, czakram (sanskr. *ćakra* 'koło', 'okrąg') – według religii dharmicznych oraz ezoteryków ośrodek energetyczny w ciele, czyli miejsce, w którym krzyżuje się wiele kanałów energetycznych (*nadi*) i gromadzi życiowa energia (*prana*). Ośrodek ten odbiera, magazynuje i wydziela energię o wibracji właściwej dla swojej funkcji, która jest konieczna do życia istot. Rozwijanie czakr prowadzi do rozwoju wewnętrznego i duchowego wyzwolenia. Istnienie czakr i kanałów energetycznych stanowi składnik wierzeń głównie hinduizmu i buddyzmu tantrycznego. Joga, bioenergoterapia, reiki i wiele technik rozwoju wewnętrznego bazuje na wiedzy o czakrach.

dowiadując się od osoby pracującej z energią, że „mam tę moc" i gdybym tylko chciała, mogłabym zawodowo zajmować się uzdrawianiem. Uspokajam: nie planuję, przynajmniej na razie, programu w Ezo TV.

Guru przystąpił do regulowania moich czakr, w czym wspomagała go jego pocieszna świta, wyciągając ręce i mrucząc pod nosem mantry. Jak zwykle w takich sytuacjach ogarnęła mnie nieopanowana głupawka i już miałam zacząć chichotać, kiedy przez moje ciało przeszedł tak mocny i gorący prąd, że cała zlałam się potem. Zakładając, że nie był to pierwszy gorący powiew nieuchronnie nadciągającej menopauzy, muszę stwierdzić, że krążące wokół mnie dłonie szamana emanowały niesamowicie silnym ciepłem.

Śmichy-chichy natychmiast mi przeszły, spoważniałam, ale za to mistrz roześmiał się, tak jakby udał mu się doskonały dowcip albo sztuczka. Po chwili jego przyboczni również porykiwali wesoło, trzymając się za brzuchy i kulając po matach. Zrozumiałam, że muszę mieć naprawdę idiotyczną minę, kiedy tak nagle przeszłam od niedowierzania do szoku, że oto jednak coś się dzieje, i to w bardzo mocno wyczuwalny sposób.

Teraz mistrz wziął mnie za ręce i zarządził kilkuminutową wspólną medytację, a ja, trzymając jego gorące, wielkie dłonie, czułam, jak przez moje ciało przypływają siła i głębokie szczęście. Od tamtej pory przywołuję to wrażenie, ilekroć medytuję, i jest to bardzo przyjemne.

Z pełną powagą usiadłam pomiędzy pomagierami szamana. Następne w kolejności były osoby skarżące się na kłopoty ze zdrowiem. Nie mogę pozwolić sobie na szczegółowy opis tego, jak wyglądały ich rozmowy z mistrzem, ponieważ byłoby to nieetyczne. Dość powiedzieć, że było wiele łez, kilka totalnych zaskoczeń niebywale celną diagnozą, postawioną wyłącznie na podstawie dotyku i – rzecz jasna – dużo uzdrawiającego śmiechu i żartów, tak charakterystycznych dla balijskiej kultury.

Kilka uczestniczek wyszło z seansu w stanie bardzo głębokiego poruszenia, a jedna z nich, już po powrocie do kraju, wybrała się na badanie tętniaka, który od lat czaił się w jej głowie niczym bomba zegarowa, niestety w miejscu ogromnie ryzykownym operacyjnie. Po badaniu dowiedziała się, że... tętniak zniknął! Za jej zgodą publikuję wiadomość, którą jeszcze tego samego dnia wysłała do członkiń naszej balijskiej grupy na Facebooku: „Hej, dziewczyny! Tętniak spóźnił się na samolot i został na Bali! Dziś zrobiłam rezonans! Doktory w szoku!". Dopiero w tym momencie zrozumiałam, czemu służył mój niefortunny upadek ze schodów.

Takich historii z dreszczykiem i tajemnicą każdy podróżnik ma na swoim koncie mnóstwo. Możemy sobie racjonalizować, ile wlezie, możemy radośnie wątpić i szukać sztuczek, ale jak wyjaśnić fakt, że niedowidzący staruszek wróżbita, pracujący obok wielkiej złotej stupy Szwedagon w Rangunie[*], wziąwszy moją dłoń w swoją rękę, roześmiał się w głos i powiedział: *Very unhappy, but very interesting marriage life! But... four?* Tutaj wycelował we mnie czterema brązowymi, pomarszczonymi starczymi palcami, rzucając spod powiek rozbawione błyski. *Really four husbands?*[**]. Potem dorzucił garść zapowiedzi zdarzeń w moim życiu, które zrealizowały się w kolejnych dwóch latach, choć wówczas

---

[*] Szwedagon (dosł. 'złota pagoda z Dagon') – świątynia buddyjska w Rangunie (niegdyś Dagon), byłej stolicy Mjanmy (niegdyś Birmy). Wierzy się, że została wybudowana 2500 lat temu na polecenie króla Okkalapy. Chociaż w jej nazwie jest słowo „pagoda", to jako budowla sakralna jest typową stupą. Powszechnie uważana za jedno z najświętszych miejsc Mjanmy obok Świątyni Mahamuni w Mandalay oraz Złotej Skały. To, co czyni tę stupę wyjątkową pośród tego rodzaju budowli, to fakt, że zawiera w sobie *sandaw* ('włosy z głowy') buddy Gotamy (ponoć osiem włosów). Przechowywane są one razem z niezliczoną ilością skarbów – złota i kosztowności – wewnątrz stupy. Stupa wieńczy szczyt wzniesienia Thein Gottara, które jest najwyższym wzniesieniem w okolicy Rangunu. Całkowita waga zebranego tu złota może dziś osiągać ciężar dziewięciu ton.
[**] Ang. 'Bardzo ciekawe, choć bardzo nieszczęśliwe życie małżeńskie! Ale... czterech? Czterech mężów, serio?'.

zupełnie nic tego nie zapowiadało: wożenie ludzi po świecie, pisanie wierszy, życie na różnych kontynentach. Tyle mogę i chcę wymienić, reszta jest zbyt osobista.

Pożegnałam go w stanie głębokiego zdziwienia, co rusz wracając w myślach do jego czterech palców i niedowierzania w głosie, kiedy pytał, czy naprawdę miałam aż czterech mężów. Ano miałam. Na szczęście w jego wróżbie nie było mowy o piątym! Przeciwnie, potwierdził, że moim przeznaczeniem jest wolność. Jak na razie wygląda na to, że i w tym miał rację.

Inna historia z cyklu „nie z tej ziemi" przytrafiła mi się w południowej Australii, w Górach Flindersa, gdzie wraz z S. zwiedzałam święte miejsca Aborygenów. Opisałam ją już dość dokładnie w książce *Na błędach! Poradnik – odradnik*, więc żeby się nie powtarzać, powiem tylko, że kiedy zmęczona padłam na łóżko po całym dniu łażenia po buszu i wyszukiwania najstarszych rysunków naskalnych na Ziemi, ni to we śnie, ni na jawie odwiedziło mnie trzech nagich jegomości z dzidami i czerwonymi przepaskami na głowach. Kiedy nazajutrz opowiedziałam o tym S., który od lat trzydziestu pracował w parkach narodowych Australii jako ranger i doskonale znał aborygeńskie języki i tradycje, oraz jego współpracownicy Donnie – w ogóle się nie zdziwili. Przeciwnie, stwierdzili, że to zupełnie naturalne, że „starsi" plemienia przychodzą we śnie do „obcej", aby sprawdzić, kto zacz i czego tu szuka. Takie sny ma tam ponoć niemal każda osoba, która zapuszcza się w sakralne rewiry. Oni sami widzieli tę trójkę szereg razy i nie ma się czym martwić, to tylko taki duchowy patrol. Aha. „Starsi" odwiedzali mnie jeszcze kilkakrotnie, za każdym razem równie nadzy i milczący, podparci dzidami, czarni i piękni. Ostatni raz widziałam ich po swoim powrocie z antypodów do Kościeliska. Pewnie się upewniali, że wróciłam szczęśliwie do siebie i nie zamierzam już pałętać się po ich uświęconej ziemi.

Na Hawajach z kolei spotkałam niemal stuletniego Kahunę*, który na dzień dobry oznajmił mi, że wie, iż miałam wycinany guzek w prawej piersi, oraz ostrzegł przed pojawieniem się następnego. Podał nawet datę! Stało się dokładnie tak, jak przewidział.

Podobne przykłady mogłabym mnożyć, jestem więc przekonana ponad wszelką wątpliwość, że na tym świecie rzeczywiście są rzeczy, o których nie śniło się filozofom. Jeżeli podróżujesz z otwartą głową i nie ograniczasz się jedynie do spania w drogich hotelach i jeżdżenia klimatyzowanym busem na wycieczki organizowane wyłącznie dla wygodnickich turystów, możesz mieć pewność, że i ty przeżyjesz niejedno spotkanie z tajemnicą. Świat poza zachodnim kręgiem kulturowym jest ich pełen.

Na początek możesz się wybrać na nasze Podlasie i poszukać miejscowej szeptuchy**. Znajdziesz ją bez trudu. Trudno dokładnie stwierdzić, ile szeptuch praktykuje obecnie w wioskach

---

* Kahuna – 'strażnik tajemnicy', ale też osoba biegła w jakiejś dziedzinie wiedzy, dysponująca mocą czy umiejętnościami niedostępnymi innym. Kahuni na Hawajach pełnili funkcję szamanów, kapłanów i uzdrowicieli. Od dzieciństwa obserwowali swego nauczyciela i w ten sposób naturalnie chłonęli jego umiejętności i sposób myślenia. Do kahunów zaliczano również specjalistów z innych grup zawodowych, byli to m.in. sędziowie, rzeźbiarze czy budowniczowie kanoe.

** Szeptucha, szeptunka, szeptun – ludowa uzdrowicielka (bądź uzdrowiciel), oferująca swoje usługi osobom, które wierzą w moc leczenia. W Polsce występują głównie w rejonie Podlasia. Przeważnie są to osoby wyznania prawosławnego. Wśród znachorów istnieje podział na ludzi parających się magią pozytywną (białą) oraz negatywną (czarną). W terminologii ludowej słowo „czary" kojarzone jest z magią negatywną, stąd pejoratywny wydźwięk takich terminów, jak: „czarownica", „czarnoksiężnica", „wiedźma" czy „kołdunia". Opozycję stanowią przedstawiciele magii białej, których praktyki służą przeciwdziałaniu lub likwidowaniu skutków czarowania. Źródło mocy szeptunów przypisuje się Bogu, zaś czarnoksiężników – szatanowi. Częściej spotykane w fachu szeptuna są kobiety, lecz to mężczyzn uznaje się za bardziej kompetentnych i skutecznych w uleczaniu chorób.

i miasteczkach Białostocczyzny, ale mówi się o kilkudziesięciu. Większość żyje między Hajnówką, Bielskiem Podlaskim, Zambrowem a Białymstokiem. Na Podlasiu wystarczy popytać przechodniów o szeptuchę – każdy wskaże drogę.

Również podhalańscy bacowie byli kiedyś uważani za szamanów, zresztą do dziś mogą się pochwalić bogatym instrumentarium magicznym, choć oczywiście mocno już skąpanym w tradycji chrześcijańskiej. Magię bacowską opisałyśmy z Beatą Sabałą-Zielińską w naszej książce *Zakopane odkopane*.

Jak świat światem ludzie zwracali się ku nieznanemu, warto jednak pamiętać, że wszelkiego rodzaju lokalne „czary-mary" to też po prostu dochodowy biznes. Chcesz przeżyć coś prawdziwie ekscytującego? Poznać miejscowego wróżbitę, szamana, uzdrowiciela? To musisz wiedzieć, że nie trafisz na niego ot tak, z marszu. Ci prawdziwi wcale nie zabiegają o klientelę ani nie reklamują się przy ruchliwych deptakach. Weź przykład z nieżyjącego już reportera i podróżnika Tiziano Terzaniego, który spotkaniom z azjatyckimi magami poświęcił cudowną książkę *Powiedział mi wróżbita. Lądowe podróże po Dalekim Wschodzie**. Pytaj w miejscowych bibliotekach, na targu i u gospodarzy. Nigdy w biurach przewodnickich i agencjach podróży, gdzie z dużym prawdopodobieństwem dostaniesz adres szarlatana grającego pod publiczkę. A publiczka, jak doskonale wiemy, kocha być oszukiwana i z braku laku często jest gotowa oszukiwać się sama. Można się o tym przekonać w dowolnym miejscu na świecie, gdzie gromadzą się ludzie poszukujący duchowych doświadczeń.

* Tiziano Terzani – światowej klasy reportażysta; ostrzeżony w Hongkongu przez wróżbitę, że nadejdzie rok, gdy latanie samolotem będzie dla niego śmiertelnym zagrożeniem, postanowił przemieszczać się tradycyjnie, jak dawni podróżnicy. Powiedział później: „Decyzja okazała się znakomita, a rok 1993 – jednym z najbardziej niezwykłych. Przepowiedziano mi śmierć, a tymczasem odżyłem".

Nigdy nie zapomnę wrażenia, jakie odniosłam, gdy po raz pierwszy przekroczyłam bramę aśramy w Kerali* w Indiach, gdzie regularnie się udaję, by doskonalić jogę. Dzisiaj, kiedy już doskonale znam panujący tam klimat, zwyczajnie nie zwracam uwagi na porażający poziom pozerstwa, panującego wśród części bywalców takich miejsc. Biorę dla siebie, co jest do wzięcia, ćwiczę, medytuję, jem i śpię. Początki były jednak ciężkie.

Aby wytłumaczyć, jak bardzo, muszę wspomnieć, że przed tym pierwszym razem miałam za sobą kilka cudownych tygodni z jogą, spędzonych pod okiem cudownego, życzliwego, bezpretensjonalnego i obdarzonego niebanalnym poczuciem humoru L., nauczyciela jogi na Sri Lance. Spod jego skrzydeł udałam się do Kerali, by odwiedzić kilka ciekawych miejsc z jogą, w które planowałam zabierać grupy na swoje warsztaty. Opiekowali się mną miejscowi jogini komuniści, bo trzeba zaznaczyć, że Kerala to stan, w którym niemal na każdym murze widnieją malowane we wszystkich kolorach tęczy sierpy i młoty, sąsiadujące z różowymi podobiznami Che Guevary, Jezusa w barwach dziewiętnastowiecznych świętych obrazków oraz hinduistycznych bóstw w ich naturalnych wściekłych kolorkach, zaś nad nimi, jak gdyby nigdy nic, widnieją islamskie półksiężyce. Pokojowa koegzystencja wszelkich możliwych religii pod rządami masowo popieranych komunistów jest jedynym w swoim rodzaju keralskim fenomenem, który od lat fascynuje i uwodzi moje lewacko-pacyfistyczne serce.

Dla ścisłości dodam jeszcze, że to, co sami Keralczycy uważają za komunizm, nie ma wiele wspólnego z tym, co znamy z doświadczeń innych stron świata. Cóż, Kerala to Indie, a w Indiach

---

* Aśrama – *āśrama*, ang. *ashram*, w hindi trb. *aśram* – indyjska pustelnia lub szkoła duchowa. Aśramy powstają w Indiach od starożytności. Najczęściej zakładane są przez mistrza duchowego (guru), nazywane są później od jego imienia. Jeden guru może mieć wiele aśramów, często w różnych miejscach świata.

znajdziemy wszystko prócz logiki. Ale do rzeczy. Moi miejscowi znajomi to najmilsi ludzie świata. Weseli, serdeczni, niebywale gościnni, otwarci i pozbawieni nadęcia. Po tak długim czasie praktycznie bez kontaktu z turystami z Zachodu trochę zapomniałam, jacy potrafią być poszukiwacze duchowych doznań w szarawarach, którzy masowo ciągną czarterami z Europy, USA i Australii we wszystkie miejsca, które mają w programie jogę.

Do aśramy przybyłam naładowana pozytywną energią, po keralsku uśmiechnięta i pełna nadziei na nowe przyjaźnie. Jakież było moje zdziwienie, kiedy tuż po przekroczeniu bramy tej imponującej świątyni jogi natknęłam się na mur złożony z białych twarzy o pogardliwie wydętych ustach i nosach zadartych w manifeście totalnej wyższości nad biednymi robakami, które nie dostąpiły jeszcze jogicznych oświeceń. Zero uśmiechu, a o przyjacielskim „Cześć, skąd jesteś?" w ogóle zapomnij. Tłum pozerów w szmatach z India shopu, obwieszonych buddyjskimi różańcami. Tylko fakt, że byłam strasznie zmęczona po upalnym dniu podróży indyjskimi, fatalnymi drogami, a od najbliższego miasta dzieliły mnie kolejne dwie godziny jazdy, powstrzymał mnie przed salwowaniem się ucieczką.

Nagle poczułam się opuszczona jak mała dziewczynka pierwszego dnia kolonii. Do oczu napłynęły mi łzy. Gdzie jesteście, moi kochani jogini komuniści? Gdzie wasz uśmiech, radość życia, pyszne curry z ananasa, słodka herbata z mlekiem i przyprawami? Nie wytrzymam z tą bandą nadętych pozerów i lal wystylizowanych na joginki! Buuuu! Kryszno*, który jesteś

---

* Kryszna – bóg w hinduizmie; w Bhagawadgicie opisany jest jako Najwyższa Istota i Najwyższy Bóg. Kryszna i związane z nim opowieści pojawiają się w wielu filozoficznych i teologicznych dziełach tej religii. Chociaż te opisy różnią się szczegółami związanymi z daną tradycją, zasadnicza charakterystyka jest zawsze taka sama: opisuje ona boskie wcielenie (inkarnację), pasterskie dzieciństwo i młodość, a następnie bohaterskiego wojownika i nauczyciela. Ogromna popularność Kryszny w Indiach spowodowała, że imię to znają również rozmaite niehinduistyczne religie pochodzące z Indii.

patronem tego miejsca, pomóż! Użalałam się nad sobą, głodna i wyczerpana drogą.

I wtedy usłyszałam:

– *Hello! Are you Paulin? I'm Krishna!**.

Oto, nie wiadomo skąd, wyrósł przede mną piękny dwudziestolatek o czarnych oczach i skórze koloru gryczanego miodu. Widząc moje osłupienie, oświadczył, że jest przyjacielem przyjaciół, u których spędziłam ostatnie dni. Został przez nich powiadomiony o moim przyjeździe do aśramy. Zaprowadzi mnie do pokoju, pomoże się rozpakować, oprowadzi, nakarmi, napoi i odpowie na wszystkie pytania.

Niestety, śliczny Kryszna, który okazał się młodszym instruktorem jogi, nie znał odpowiedzi na pytanie, dlaczego białasy z Zachodu dostają w takim miejscu kompletnej szajby, objawiającej się zatraceniem własnych przekonań, wyglądu oraz obyczajów, nie mówiąc o poczuciu humoru i dystansie do zupełnie niecodziennej dla Europejczyka sytuacji.

Oto francuskie ateistki z Paryża, spowite w indyjskie kurty** i baloniaste spodnie, podzwaniając paciorkami zawieszonymi na szyjach, rękach i nogach, ekstatycznie wyśpiewują sanskryckie psalmy na cześć boga-słonia – Ganesha. Medytują, roniąc spod przymkniętych powiek krokodyle łzy nad ideą współczucia dla ludzkości, by za chwilę, podczas posiłku, spożywanego na matach rozłożonych na posadzce – na indyjski sposób, czyli bez użycia sztućców – obrzucać pełnym wyższości spojrzeniem każdego, kto ośmieli się nie radzić sobie z trzymaniem tacy lewą ręką i nabieraniem ryżu z sosem prawą. Czyli mnie. Na szczęście miałam w bagażu zakoszoną z samolotu plastikową łyżeczkę do kawy, którą bezczelnie pomagałam sobie przy bardziej płynnych potrawach.

---

* Ang. 'Cześć, Paulin, jestem Kryszna!'.
** Kurta – tunika, sięgająca przed lub za kolano, noszona w Indiach przez kobiety.

Oto młodzieńcy o trzech wymownych dredach zebranych na czubku podgolonej głowy, w podejrzanie przybrudzonych, zbyt krótkich spodniach do jogi i kolorowych koszulach, przechadzają się wśród medytujących w ogrodzie dziewcząt i kobiet, obrzucając gniewnym spojrzeniem każdą, która ośmieli się na chwilę rozprostować zdrętwiałe od siedzenia w pozycji lotosu nogi i podrapać się po karku, na którym od godziny żerują komary. Czyli mnie.

A pośród nich – wisienka na torcie. Mistrz duchowy i chłopak z gitarą w jednym. Libijczyk z Kalifornii. Włos farbowany à la skrzydło kruka, długi, spleciony w warkocz sięgający pasa, odrost siwy, strój wystudiowany niczym z katalogu dla nowoczesnych hippisów, wzrok zasadniczo nieobecny, choć łapiący ostrość na widok młodych Skandynawek (które, jak się później okazało, znalazły się w tym miejscu tylko dlatego, że były już wykończone nieustannym podrywem i paleniem trawki w kolejnych hostelach. A tu zero używek i zakaz seksu, więc można nabrać sił do dalszej wyczerpującej wędrówki przez Indie). Pan Skrzydło Kruka, kiedy tylko mógł, dobywał z futerału gitarę i fałszując niemiłosiernie, piał po angielsku grafomańskie pieśni własnego autorstwa, sławiące ekumenizm i pokój między narodami.

Do tego cała plejada pomniejszych pozerów obu płci, z których każdy po powrocie do ojczyzny uczyni ze swego pobytu w indyjskiej aśramie legendę w stylu „Jedz, módl się, kochaj"*, niosąc przesłanie dobrej wibracji i pozytywnej energii. Tymczasem jednak wyścig na uduchowienie trwa, więc bez kija nie podchodź. Za murami zwykli Hindusi odpowiadają szerokim uśmiechem na każde pozdrowienie. Wewnątrz – powaga i smuta białasów.

Ludzie Zachodu różnią się od ludzi Wschodu nieustanną rywalizacją (we wszystkim) i gorącą potrzebą metkowania i szufladkowania

---

* *Jedz, módl się, kochaj* (*Eat, pray, love*) – bestsellerowa powieść autobiograficzna Elizabeth Gilbert. Autorka przed trzydziestką miała wszystko, o czym powinna marzyć nowoczesna kobieta: męża, dom za miastem, dobrą pracę. Mimo to nie była szczęśliwa ani spełniona. Przeżyła rozwód, ciężką depresję i nieszczęśliwą miłość. A potem zaczęła szukać siebie na nowo. W hitowej hollywoodzkiej ekranizacji książki w postać głównej bohaterki wcieliła się Julia Roberts.

(wszystkiego). Jeżeli ćwiczą jogę, muszą wiedzieć, jaka to joga. Hatha-joga?*. Bikram?**. Ashtanga?***. Mysore?****. Iyengara?*****. Starzy

* Hatha-joga – jedna z najbardziej znanych na Zachodzie tradycji indyjskiej jogi, bazująca głównie na pozycjach ciała (*asana*), sześciu procesach oczyszczających (*krija*) oraz kontroli oddechu (*pranajama*). Najbardziej znany autorytatywny tekst tej szkoły to *Hathajogapradipika*. Hatha-joga różni się od klasycznej jogi (np. z Jogasutr) mniejszym naciskiem na metafizykę odziedziczoną po sankhji, a większym – na praktyki ezoteryczne i fizyczne. Joga klasyczna i większość pozostałych szkół jogi dążą do osiągnięcia równowagi między metafizyką a ezoteryką. Hatha-joga, w znacznej mierze gubiąc moment filozoficzny, kładzie silny nacisk na magiczne i ezoteryczne aspekty jogi, dążąc przy tym silniej niż inne kierunki do uzyskania mocy ponadnaturalnych, a zwłaszcza do zwycięstwa nad śmiercią, starością i chorobą. Magiczno-mistyczne koncepcje zawarte w tekstach hatha-jogi czynią ją jednym z głównych składników i źródeł tantryzmu.

** Bikram joga – rodzaj jogi, którą stworzył Bikram Choudhury na podstawie tradycyjnych technik jogi (Hatha-joga). Bikram joga praktykowana jest w pomieszczeniu podgrzewanym do 40,6°C o wilgotności 40–50%. Lekcje trwają tu 90 minut i składają się z cyklu 26 pozycji, zwanych asanami, wykonywanych dwa razy – zawsze w tej samej kolejności. Ćwiczeniom fizycznym towarzyszą dwa ćwiczenia oddechowe, które mają pomóc uczestnikom w wykorzystaniu jak największej powierzchni płuc. Wszystkie pozycje wykonywane są w głębokiej koncentracji. Praktyka w podgrzewanym pomieszczeniu ułatwia głębsze rozciąganie i zapobiega urazom ciała, przy jednoczesnym zmniejszeniu stresu i napięcia. System ten ma przywracać zdrowie do wszystkich mięśni, stawów i organów. Zdania specjalistów co do tego, czy praktyka jogi w temperaturze wyższej niż 37,8°C jest bezpieczna dla zdrowia, są podzielone.

*** Ashtanga – dynamiczna odmiana jogi. Jej ożywcze właściwości bazują na związku techniki oddechu z ruchem.

**** Mysore joga – szczególny sposób nauczania jogi według tradycji Ashtanga Vinyasa Yoga, przekazywanej przez Sri K. Pattabhi Joisa w Mysore na południu Indii. W tym stylu ćwiczeń na sali panuje zupełna cisza, nauczyciel uczy każdego ucznia indywidualnie, dodając pojedyncze pozycje w sekwencji, w miarę jak poprawia się jego siła, elastyczność i wytrzymałość. Często stosowane ręczne korekty pozwalają uczniom wejść głębiej w pozycje. Zarówno zaawansowani, jak i początkujący uczniowie praktykują razem w tej samej sali.

***** Joga Iyengara – odmiana jogi stworzona przez Bellur Krishnamachar Sundararaja Iyengara jest najczęściej praktykowaną na świecie. Od innych odmian różni się precyzją wykonywania asan. W czasie praktyki asan należy skupiać się, tak by każdy staw ułożyć precyzyjnie w odpowiedni sposób. W tej odmianie można korzystać z różnych pomocy (paski, klocki, koce), żeby ułatwić początkującym wykonywanie pozycji.

jogini z Azji śmieją się, słysząc te pytania, ponieważ dla nich joga to po prostu joga. Istnieje wiele tysięcy, a może nawet milionów asan, czyli pozycji ciała, jakie można praktykować. Nie sposób ich wszystkich wykonać w ciągu jednego życia. Co bardziej charyzmatyczni i pomysłowi nauczyciele stworzyli własne szkoły i rozwinęli w nich doskonałość.

Możesz zapisać się na dowolny kurs i owinąć sobie nogi wokół szyi, jednak jeśli nie będzie w tym uśmiechu, luzu i dobroci dla swojego ciała, to będzie tylko gimnastyka. A ile dobroci dla siebie i innych jest w nieustannym wyścigu o złote gacie w każdej dziedzinie?

Na szczęście w aśramach są też zupełnie normalni, fajni i bezpretensjonalni ludzie – głównie Hindusi, a rytm życia wyznaczają tam rozplanowane precyzyjnie praktyki, wykłady, posiłki i nieliczne chwile dla siebie, można więc szybko przestać zwracać uwagę na pozerską menażerię i skupić się na zdobywaniu doświadczenia.

Pobudka o piątej rano, szybki prysznic, półtorej godziny wspólnej medytacji i śpiewania mantr, kubek herbaty i już pranajama* i sesja jogi trwająca bite dwie godziny. Dopiero po niej śniadanie, złożone z kilku owoców i ryżowego placka z gotowanymi warzywami oraz ziołowej herbaty. Po posiłku wykłady z teorii jogi, historii hinduizmu i nauki guru – założyciela aśramy. Chwila dla siebie i znów pranajama i dwie godziny jogi. Prysznic, obiadokolacja, niewiele różniąca się od śniadania, karma-joga, czyli praca na rzecz społeczności, a zaraz po niej kolejne półtorej godziny medytacji i mantr. Wieczorny powrót do pokoju lub dormitorium – totalnie na autopilocie. Kilka razy zdarzyło mi się dosłownie zasnąć ze zmęczenia, zanim dotarłam do łóżka. Nazajutrz nie pamiętałam, jak się w nim znalazłam.

---

* Pranajama – ćwiczenia oddechowe mające na celu pogłębienie i kontrolę oddechu. Nazwa pochodzi od sanskryckich słów: *prana* – 'energia życiowa', 'oddech'; i *yama* – 'kontrola', 'dyscyplina'.

Uwagę zwracać może opis niezwykle skromnego wyżywienia, jakie proponuje się w aśramie ludziom, którzy przecież intensywnie ćwiczą przez minimum cztery godziny dziennie. Rzeczywiście, ściśle wegetariańska, pozbawiona tłuszczu i bardzo skromna dieta pewnie nie przekracza tysiąca kalorii dziennie. Jak to więc możliwe, że mieszkańcy nie skarżą się na głód, nie podjadają po kątach i wytrzymują intensywne tempo ćwiczeń? Kluczem do odpowiedzi na to pytanie jest pranajama. Chcesz ograniczyć apetyt, schudnąć i mieć więcej energii? Oddychaj! Zapisz się na zajęcia albo odpal dobry kurs z internetu (nie pierwszy lepszy, ale rekomendowany na forach poświęconych jodze) i codziennie ćwicz przynajmniej przez dwadzieścia minut.

Joga wg Sivanandy[*] zakłada **pięć punktów**, zasad, które składają się na pełną praktykę. Są nimi **prawidłowe ćwiczenia** (asany), **prawidłowe oddychanie** (pranajamy), **prawidłowa relaksacja** (śavasana), **prawidłowa dieta** (wegeteriańska), **pozytywne myślenie oraz medytacja** (wedanta i dhjana).

Posłuchałam tych nauk i stosuję się do nich. Zapowiada się kupa roboty, co? Niestety. Uzdrowiciele i szamani czasem mogą pomóc w chorobie, wróżbici – tchnąć nadzieję na przyszłość i przestrzec przed niebezpieczeństwem, jednak to na nas spoczywa zadanie utrzymania naszych ciał i umysłów w dobrym stanie. Czarów nie ma!

---

[*] Vishnudevananda Saraswati (1927–1993) – założyciel International Sivananda Yoga Vedanta Centres and Ashrams. Stworzył Sivananda Yoga Teachers' Training Course, pierwszy kurs nauczania jogi dla trenerów na Zachodzie.

Pańcia, czyli dzidzia w błędnym kole Samsary*. Hotel Samsara (tylko dla dorosłych)

Rozczuleni, stęsknieni,
rozchichrani, spragnieni,
meldujemy się w hoteliku.
Mamy wielkie nadzieje,
wiatr pomyślny nam wieje,
pięknych marzeń i planów bez liku.
W tropikalnej pogodzie
słońce sprzyja urodzie
i duchowo się człowiek podciąga!
Dobra karma się kręci,
wspólna przyszłość nas nęci,
nagle trach! I dostaje człek z drąga!
W hoteliku Samsara powiedziałeś mi „nara",
wyzyskując cynicznie me chuci.
Za to spotka cię kara,
prawda to jak świat stara,
ty nie wrócisz,
lecz karma powróci!
Zrozpaczona, zmieniona,
zaryczana, zgubiona,
w innym dziś będę spać hoteliku.
Koniec wielkich nadziei,
znowu nic się nie klei,
guzik z marzeń i smutek tropików.

---

*   Koło samsary – w hinduizmie, dźinizmie i buddyzmie termin ten oznacza 'nieustanne wędrowanie', czyli kołowrót narodzin i śmierci, cykl reinkarnacji, któremu od zarania dziejów podlegają wszystkie żywe istoty, włącznie z istotami boskimi (dewy). Po każdym kolejnym wcieleniu następne jest wybierane w zależności od nagromadzonej karmy. Opuszczenie koła samsary jest możliwe dzięki przebudzeniu (urzeczywistnieniu) duchowemu.

Niebo czarne nade mną,
monsun łez strugą ciemną
znów zalewa dziewczęce me liczko.
Serce krwawi w plecaku,
jutro znowu na szlaku,
och, nie łatwo dziś być podróżniczką!
W hoteliku Samsara powiedziałeś mi „nara",
wyzyskując cynicznie me chuci.
Za to spotka cię kara,
prawda to jak świat stara,
ty nie wrócisz,
lecz karma powróci!
Stary, gruby, znudzony
i miażdżycą zmiażdżony,
wrócisz kiedyś tu, do hoteliku,
gdzie ostatkiem młodości
z mej zakpiłeś miłości
i rzuciłeś na pastwę tropików.
Ja zaś z nowym kochankiem
szastać będę swym wiankiem,
ciało gnąc w dzikim tańcu tantrycznym.
Będę ćwiczyć asany,
śmiejąc się, ukochany,
z moich w stronę twą skłonów psychicznych.
W hoteliku Samsara sobie sam powiesz „nara"!
Nadaremnie buzują twe chuci.
Taki morał z tej lekcji, że już nie masz erekcji!
Nie mówiłam,
że karma powróci?

Na lotnisku w Colombo na Sri Lance w późnych godzinach popołudniowych mój wzrok przykuła drobiąca kroczki postać kobieca nieco po czterdziestce. W eleganckich zamszowych sandałkach na obcasach, w kusej sukienusi z odkrytymi plecami, z licznymi pierścionkami na wypielęgnowanych paluszkach, w pełnym makijażu (na zewnątrz było jakieś czterdzieści stopni na plusie i wilgotność rzędu dziewięćdziesięciu procent), z torebusią sygnowaną logo Louis Vuitton, zawieszoną w zgięciu łokcia, i walizeczką tej samej marki do kompletu. Postać zdradzała, że nie ma pojęcia, gdzie się znalazła ani dokąd zmierza. W ciągu sekundy obskoczyło ją kilkunastu kierowców taksówek i riksz, namolnie oferując swe usługi. Jeden z nich wyrwał kobiecie walizkę i ruszył z nią przed siebie, zdobywając w ten sposób błyskawiczną przewagę nad konkurencją. Wszystko to trwało dosłownie sekundy. Nie czekając na rozwój wypadków, zarzuciłam plecak, przyspieszyłam kroku, pewnym ruchem przejęłam od faceta walizkę i przekazałam właścicielce. Wdzięczna kobieta zaczęła mnie wypytywać, czy znam wyspę i jak się dostać na dworzec kolejowy, skąd – jak przeczytała w internecie – odchodzi pociąg do miejsca, w którym czeka na nią znajomy. Znam ten pociąg aż za dobrze! Podróż nim może stanowić zarówno jedną z największych atrakcji turystycznych Sri Lanki, jak i prawdziwy koszmar. Wszystko zależy od tego, jak się przygotujemy, jak ubierzemy i ile mamy czasu. O ile kilka godzin spędzonych na schodkach otwartego, nieklimatyzowanego, przepełnionego po brzegi wagonu, z plecami opartymi o bagaż, butlą wody w garści i zadumą w oczach, może dostarczyć uroczych wrażeń za dnia i we właściwych ciuchach, o tyle ta sama podróż w nocy, w sandałkach na obcasie i sukience bez pleców, z bagażem, którego wartość przerasta roczny dochód przeciętnej lankijskiej rodziny, niemal z pewnością okaże się doświadczeniem balansującym na pograniczu życia i śmierci.

Babka miała szczęście, że się napatoczyłam. Na lotnisku czekał na mnie bowiem samochód, wysłany przez gospodarzy miejsca, do którego zmierzałam, oddalonego o zaledwie godzinę drogi od docelowego punktu naszej pańci. Tam zorganizowaliśmy jej zaprzyjaźnionego kierowcę tuk-tuka, który podjął się bezpiecznie przetransportować zgubę. Wcześniej jednak, nie pierwszy, nie drugi i nie dziesiąty raz, musiałam wysłuchać uroczego szczebiotu czterdziestoletniej dziewczynki, która przywdziawszy dorosły strój i napędziwszy make-upu na twarz, wybrała się na podbój świata. Obraz podróżniczej nędzy i rozpaczy ubarwiał fakt, że moja nieoczekiwana współpasażerka okazała się stewardesą, która zjechała dosłownie cały świat, jednak prawie nie opuszczała lotnisk i pobliskich hoteli! Nigdy nie wykazała się ciekawością miejsc, w których lądowała, o swoich pasażerach pochodzących z różnych stron świata nie wiedziała nic poza tym, co przyswoiła na szkoleniach. Nie wyciągnęła też żadnych wniosków z obserwacji zachowania i wyposażenia rasowych podróżników, których przecież przez lata pracy musiała regularnie widywać w samolotach. Ktoś powie: Bo to głupia kobieta była. A ja się z tym stwierdzeniem nie zgodzę. Osoba, o której mowa, skończyła studia oraz wcale niełatwe szkolenie w jednych z najbardziej wymagających i prestiżowych linii lotniczych. Gdyby była zwyczajnym głupolem, nie udałoby się jej to. Sądzę raczej, że była jedną z tych kobiet, które dały się zaprogramować na bardzo ograniczony zakres działania, zupełnie nieświadomych swoich możliwości, niedorosłych, z twardym dyskiem zapchanym popkulturową papką, wciskaną im na każdym kroku.

    Kochana czytelniczko, teraz zapnij psychiczne pasy! Uruchom tryb „dystans do siebie" i nie pękaj. Ten rozdział może kosztować cię trochę nerwów. A to dlatego, że będzie w nim mowa o kimś, kim być może (nie z własnej winy) jesteś lub bywasz. Będzie o PAŃCI.

    Tutaj na dzień dobry mam dwie wiadomości – złą i dobrą. Zła jest taka, że zjawisko pańciowatości jest w kraju nad Wisłą wybitnie rozpowszechnione i dotyczy również tych z nas, dzielnych polskich kobiet, które uważają się za wszystko, tylko nie za pańcie. Dobra wiadomość: to jest uleczalne. Chociaż, jak wszystko na tym świecie, co reprezentuje jakąkolwiek wartość, proces zdrowienia wymaga odrobiny wysiłku. A w tym przypadku dodatkowo poczucia humoru i cywilnej odwagi.

Pozwalam sobie poruszyć ten temat, ponieważ dopóki kobieta występuje pod postacią pańci, będącej ni mniej, ni więcej, tylko przebraną w dorosłe łaszki kilkuletnią wystraszoną dzidzią, lepiej, aby nie porywała się na samodzielne dalekie podróże. To po prostu może się źle skończyć.

Podróżując, spotykam na lotniskach, dworcach, ulicach, plażach i w hotelach dziesiątki pań i rozpoznaję je bez pudła. A skoro tak łatwo wychwytuję je ja, osoba programowo dobrze życząca kobietom i mająca do nich wybitnie wyrozumiały i czuły stosunek, to co dopiero złodzieje, oszuści, erotyczni wandale i inni pańciożercy, którzy tylko patrzą okazji, by się obłowić kosztem łatwej ofiary? Pańcia bowiem, choć być może sądzi, że wygląda dorośle i poważnie, emanuje tak ewidentnym brakiem pewności siebie i zdradza oznaki tak rozpaczliwej bezradności i zagubienia, że staje się prawdziwym magnesem dla wszelkiego rodzaju kłopotów.

Nasza kobieca samsara nie musi polegać na nieustannym odradzaniu się w kolejnych rolach zaplanowanych dla nas przez społeczne normy, marketing i stereotypy. Czas opuścić to błędne koło, wziąć się w garść i dorosnąć. Pożytek z wyleczenia się z pańciowatości wykracza bowiem daleko poza przyjemność przemieszczania się w przestrzeni. Raz zaznawszy frajdy z bycia mocną, samodzielną, ufającą sobie i o siebie wewnętrznie spokojną kobietą, już nigdy nie zechcesz wrócić do pokracznej, acz zewnętrznie (pozornie!) atrakcyjnej formy pańciowatej.

Nie myśl jednak, proszę, że zamierzam tu się znęcać nad kobietkami, którym nie udało się jeszcze obudzić w sobie silnych, dorosłych bab. Bogini broń! Sama bywałam pańcią i dzidzią, a jeśli pozwalam sobie zwrócić twoją uwagę na ten problem, to tylko dlatego, że wiem, jak radykalnie – i na lepsze – zmieniło się moje życie, odkąd naprawdę dorosłam. Częścią tej zmiany są oczywiście podróże, a tak naprawdę styl życia, który odpowiada MOIM upodobaniom, a nie dopasowuje się do oczekiwań innych. Pańcia jest produktem patriarchalnej kultury, której, jak już nie raz zostało tu zauważone, ogromnie zależy na tym, by trzymać kobiety jak najdalej od ważnych spraw, ważkich decyzji, władzy i wielkich pieniędzy. Chcesz wiedzieć, czy równouprawnienie jest faktem? Szukaj kasy! Lwia część światowego bogactwa spoczywa w męskich rękach. Kobiety u władzy, w zarządach i na wysokich stanowiskach nadal stanowią mniejszość. I wcale nie dlatego, że ktoś z zewnątrz zabrania im walczyć o swoje. Gdzie tam! Pozornie drzwi do kariery są otwarte równie szeroko dla przedstawicieli obu płci. Istnieje bardziej subtelny – i z tego powodu trudniejszy do wychwycenia – system, który sprawia, że jakoś tak, niby przypadkiem ogromna liczba kobiet mogących się pochwalić wielkim potencjałem nawet nie próbuje się przebić tam, gdzie dzieją się rzeczy naprawdę istotne. To, na szczęście, pomalutku się zmienia, jednak nadal całe legiony dziewczynek, dziewczyn i kobiet, zamiast dorosnąć i wziąć życie w swoje ręce, zajmują się duperelami, takimi jak właściwy wygląd, idealna sylwetka i dobieranie koloru ścian do mebelków w salonie. Ich marzenia nie krążą wokół wielkich planów i pięknych przeżyć, a one same tkwią jak kołki przed wystawami z markowymi ciuchami. Tak się nas programuje – i to działa. Mamy sobie nie zaprzątać naszych ślicznych główek poważniejszymi sprawami.

Zwróć uwagę na zawartość merytoryczną tak zwanej kobiecej prasy, od której uginają się półki w każdym kiosku. Jak okiem sięgnąć – moda, uroda, odchudzanie, odmładzanie i kuchnia. Jeżeli wzorce i autorytety, to głównie pod postacią aktorek i piosenkarek. Jeżeli jakiś reportaż, to o związkach i rozwiązkach z facetami. Kanały telewizyjne adresowane do żeńskiej widowni zamieszkują prawie wyłącznie wybotoksowane lale, nauczające o wyższości jogurtu nad śmietaną i stylowości zwiniętych w rulonik serwetek, które należy przewiązać wstążeczką i umieścić

po prawej stronie talerzyka. Towarzystwa dotrzymują im lekarze medycyny estetycznej, chirurdzy plastycy oraz spece od urządzania domu i projektowania ogrodu. To samo dzieje się w reklamach – oglądając je, można odnieść wrażenie, że kobiecie do pełni szczęścia brakuje tylko wydajnego płynu do mycia naczyń i równo ufarbowanych włosów.

Od maleńkości nasiąkamy przekazem, który wpędza nas w obsesję na punkcie wyglądu, młodości i posiadania wychuchanych, wysprzątanych wnętrz. Kiedy wreszcie uda się nam zdobyć przynajmniej część z atrybutów kobiecego sukcesu, uruchamiamy machinę współzawodniczenia w doskonałości – jeśli zaś nie poszczęści się nam w tych sprawach, sfrustrowane, zaczynamy żywić zawiść do tych, które mają cholerną urodę, kasę, ciuchy i zawsze zrobione paznokcie. A przecież to jakaś bzdurna dziecinada! Czy naprawdę sądzisz, że na stare lata będziesz wspominać, jak wspaniale udało ci się ciasto w grudniu 2017 i jaki modny miałaś wtedy manicure? Czy o tym będziesz opowiadać swoim wnuczkom? Pokażesz im zdjęcia swojego balejażu i filmik z nakładania maseczki na twarz trzydzieści lat temu?

Pamiętaj, że na to, czy będziesz na starość cudowną, ciekawą babcią, otoczoną wiankiem wsłuchanych w twe opowieści dzieciaków, przychodzących po radę i chętnie spędzających z tobą czas, czy też zgorzkniałą byłą „pięknością", przynudzającą o duperelach, pracujesz od wczesnej młodości. Pańcia to dla mnie nikt inny jak istota ludzka, która dała się zahipnotyzować i zapomniała, że ma intelekt, poczucie humoru, siłę i wdzięk, aby się rozwijać i stawać kimś wciąż ciekawszym i bardziej inspirującym.

Nie do wiary, ile kobiecej energii, kasy i czasu idzie na śledzenie plotek w sieci, na dbanie o wizerunek, paplanie o modzie i odchudzaniu oraz dopieszczanie mieszkania. Nie zapominając, rzecz jasna, o „pilnowaniu" innych babek, żeby im się przypadkiem nie zachciało wyłamać i zacząć żyć po swojemu. Sąd najwyższy plotkarski zawsze w pogotowiu! Skutek jest taki, że – co tu kryć – często starzejemy się, nie dojrzewając. Nie bierzemy odpowiedzialności za swoje życie, nie umiemy być same ze sobą, podejmować niezawisłych samodzielnych decyzji, godzimy się na bycie postacią ze scenariusza, który pisze dla nas ktoś inny.

Obudź się! Wyjmij kij z tyłka, olej prostownicę i wizytę u manikiurzystki. Daj spokój z tym sprzątaniem na błysk. Idź do biblioteki, wypożycz jakąś piękną powieść lub przewodnik po kraju, który zawsze cię ciekawił, wyciągnij się na ławce w parku i zacznij czytać. Zrzuć szpilki, pochodź na bosaka po trawie, wykąp się na golasa w jeziorze, pobiegaj w wyciągniętym starym dresie, kup sobie kebab w budce na ulicy i poczuj, jak tłusty sos spływa ci po palcach – zrób, co tylko chcesz, byleś wreszcie wrzuciła na luz. Zajmij się tym, co jest w życiu naprawdę ważne. A ważne są nasze związki z rodziną i przyjaciółmi, spotkania z mądrymi, ciekawymi ludźmi, zdobywanie wiedzy i doświadczenia, zdrowie, poczucie sensu, radość z małych rzeczy i właściwe (czyli niezaniżone) poczucie własnej wartości.

Jedną z flagowych cech pańciowatej niedojrzałości jest brak odporności na frustrację i niewygody. A te stanowią nieodłączną część podróżowania. Są dwie rzeczy, bez których naprawdę nie ma sensu wyruszać w daleką drogę: cierpliwość i pogoda ducha. Jeżeli sądzisz, że pańciowaty foszek, usteczka w podkówkę, roszczeniowy ton i wywracanie oczami cokolwiek załatwią, gdy będziesz zdana wyłącznie na siebie, muszę cię rozczarować. Jeżeli chcesz poruszać się po świecie poza strefą komfortu wytyczoną wysokimi płotami hotelowych gett all inclusive, lepiej, abyś raz na zawsze pogodziła się z kilkoma prostymi faktami: po pierwsze – nic nie jest pewne, po drugie – wszystko jest możliwe, po trzecie – ludzie bezinteresownie pomogą ci tylko wówczas, gdy ich sobie zjednasz. A ludzi się nie zjednuje, podnosząc głos, siejąc panikę, wysuwając żądania i wrogo strzelając oczami.

Będąc w drodze, zwłaszcza w krajach kulturowo odmiennych od naszego, mamy do czynienia z nieustanną sinusoidą nastrojów. Świat już taki jest, że potrafi doprowadzić do białej gorączki, by za sekundę zaskoczyć czymś tak miłym, że wspominamy to potem do końca życia. I chyba właśnie dzięki tym kontrastom, podróżując, człowiek po prostu czuje, że żyje. Jednak aby nie oszaleć od nadmiaru wrażeń, trzeba trzymać emocje na wodzy i wliczyć w koszty komplikacje i opóźnienia.

Najważniejsze pytanie, które musisz sobie zadać, gdy sprawy w podróży się gmatwają, brzmi: Czy to, co się dzieje, bezpośrednio zagraża mojemu bezpieczeństwu? Jeżeli tak, działaj szybko i zdecydowanie, aby jak najszybciej wyjść z danej sytuacji. Krzycz, wzywaj pomocy, uciekaj, alarmuj, zawiadamiaj władze itd. Jeżeli jednak masz do czynienia z jakimś z lekka (lub nawet bardzo) upierdliwym zdarzeniem losowym, ludzką opieszałością czy też niewydolnością systemu, weź głęboki wdech, łyknij wody, a później spokojnie, z uśmiechem na twarzy i serdecznością w głosie, zwróć się o pomoc, wyjaśnij, w czym problem, i cierpliwie czekaj na rozwój wypadków. Bądź asertywna, nie wyrażaj zgody na każde rozwiązanie, które ktoś ci proponuje, myśl, ustal priorytety i kombinuj! Nie panikuj, nie płacz (!), nie strasz autorytetami. Licz na dobre ludzkie odruchy i pamiętaj, że nawet najbardziej pomocna osoba wkurzy się w zderzeniu z butą i roszczeniowością. Sporo mogą o tym powiedzieć ratownicy wysokogórscy, których pracę relacjonowałam przez lata jako korespondentka radiowa z Podhala. Opowieści o pańciach, które narażając własne życie, ratowali z opresji, nieznających słowa „dziękuję" i domagających się wezwania śmigłowca, jakby to była taksówka, to codzienność w górach całego świata.

Będąc w kłopocie, właściwie oceń też jego przyczyny. Znajdujesz się w tej sytuacji, ponieważ ktoś coś zaniedbał i zawalił, czy może to „ekstraprzygoda" na własne życzenie? Wówczas weź ją na klatę, wyciągnij wnioski i działaj. Ale nie szukaj winnych tam, gdzie ich nie ma. Nawet bardzo prości, niepiśmienni ludzie nie są durniami. Nie licz na pomoc osoby, na którą przerzucasz odpowiedzialność za własne problemy.

Ląduję w Indiach. Przede mną szybka przesiadka i krótki lot krajowymi liniami z Delhi do Amritsaru. Za mną wiele godzin spędzonych w samolocie i na lotniskach. Jestem zmęczona i głodna, strasznie chce mi się pić. Ale mam zaledwie godzinę na wyrobienie wizy, odebranie bagażu, powtórne zarejestrowanie go i dobiegnięcie do kolejnego samolotu. Przy okienku wizowym zaczyna się klasyczny indyjski small talk:

– Pani pierwszy raz w Indiach? A po co? Gdzie mąż? Nie ma? A dlaczego? A dzieci są? Ile? Studiują czy pracują? Rozwiedziona? Bardzo przykre! Małżeństwo było aranżowane czy z miłości? Proszę się nie załamywać, teraz jest dużo rozwodów! Co się stało w palec? Rodzice żyją?

I tak przez dwadzieścia minut. A czas leci. Staram się odpowiadać konkretnie i wesoło. To nie miejsce i czas na pogadanki o tym, co wypada urzędnikowi służb imigracyjnych. W wielu krajach Azji, a szczególnie w Indiach, takie wścibstwo to nic nadzwyczajnego. Wreszcie – bum! Pieczęć, wiza. Ruszam do bramki. Tutaj kolejna pogadanka, tylko w nieco innym stylu:

– Jest pani bardzo ładna. Ma pani męża? Ma pani numer Whatsapp? Viber? Skype? Może się spotkamy?

Tłumaczę zawiedzionemu celnikowi, że zaraz ucieknie mi samolot, a muszę jeszcze odebrać bagaż. Bramka się otwiera.

Spocona, zgodnie z komunikatem wyświetlonym na tablicy, lecę do taśmy numer jeden. Bagażu brak. Taśma stoi. Podchodzę do okienka informacji, w którym dwie czarnowłose piękności, chichocząc, pozują do selfie. Nie przeszkadzają sobie. Wreszcie jedna z nich łaskawie podnosi wzrok. Uśmiecham się, tłumaczę, że nie ma mojej walizki, a do odlotu zostało mi niecałe dwadzieścia minut. Dziewczyna patrzy na mnie rozbawiona i stwierdza rozbrajająco:

– Może się zgubiła?
– Najwyraźniej – odpowiadam spokojnie.

Nadal z uśmiechem, domagam się pomocy, czując, że z lotu nici i będę musiała nocować w Delhi, jednym z niewielu miast na świecie, których naprawdę nie lubię. Trudno. Grunt to odnaleźć walizkę – to jest teraz mój cel, priorytet.

Dziewczyna z ociąganiem wystukuje numer na wyświetlaczu telefonu, przez chwilę rozmawia, po czym stwierdza, że moja walizka „być może" jest na taśmie numer dziewięć. Oczywiście nie ma jej tam.

Mój samolot do Amritsaru odlatuje za dziesięć minut.

Wtedy podchodzi do mnie przedstawiciel linii lotniczych z krótkofalówką i każe iść do odprawy krajowej, zapewniając, że mój bagaż się znalazł i czeka przy wejściu do samolotu. Biegnę ile sił w nogach, przechodzę przez kontrolę bezpieczeństwa i... wpadam na młodego sikha, który stwierdza, że nie pójdę ani kroku dalej! Tłumaczę mu, skąd przyszłam i dlaczego, ale gość upiera się, że zawróciłam z samolotu, który właśnie odlatuje, a tego robić nie wolno. Zaczyna się dochodzenie – powoływanie na świadków kolejnych osób, z których każda mówi co innego. Pada nawet propozycja przejrzenia kamer monitoringu! Czuję, że jeżeli za chwilę nie napiję się wody – zasłabnę. Ustalam więc nowy priorytet: pić! Sikh oddelegowuje antyterrorystę, który idzie ze mną do hali przylotów i pilnuje, kiedy duszkiem wypijam półlitrową butelkę wody. Oczywiście nie mogę jej zabrać ze sobą, ale zabieram kanapkę. Kolejny priorytet: jeść. Nie wiem bowiem, ile to wszystko jeszcze potrwa, a jestem naprawdę głodna. Antyterrorysta zdążył mi opowiedzieć pół swojego życia i pokazać zdjęcia dzieciaków, właściwie jesteśmy już przyjaciółmi. Razem wracamy do sikha, który stwierdza, że ma dla mnie wspaniałą wiadomość. Otóż on bardzo chętnie anuluje mój bilet! A wtedy będę mogła udać się na dworzec autobusowy i wsiąść do pojazdu marki Volvo, który jest klimatyzowany i w ogóle zachodni, celem udania się do miasta Amritsar, które jest jego miastem rodzinnym, tam skończył szkołę średnią, bardzo dobrą, prywatną, ponieważ ojciec jest szanowanym przedsiębiorcą, a on sam w przyszłości zamierza zostać pilotem, jednak chwilowo pracuje jako steward przy odprawach, ale to się zmieni, należy w siebie wierzyć i dużo się modlić...

– Pani jest chrześcijanką? – pyta nagle.

– Chcę, aby pomógł mi pan znaleźć moją walizkę – odpowiadam, nadal pięknie się uśmiechając.

– Walizki nie ma – stwierdza zgodnie ze stanem faktycznym sikh.

– Właśnie dlatego zgłaszam jej zaginięcie.

– Dlaczego jej pani nie odebrała po przylocie? – To całkiem przytomne pytanie.

– Ponieważ nie było jej na taśmie numer jeden, gdzie powinna się znaleźć zgodnie z komunikatem na wyświetlaczu.

– Pani nie powinno tu być. Najpierw trzeba odebrać walizkę w terminalu międzynarodowym, przejść przez odprawę i dopiero przyjść tutaj... – Zafrasowany mężczyzna stuka długopisem w mój paszport.

Mam ochotę wrzeszczeć, ale uśmiecham się dalej.

– Ktoś od was mnie przysłał, twierdząc, że moja walizka już tu na mnie czeka.

– Ale nie czeka. – Sikh też się uśmiecha.

– Zgłaszam zaginięcie walizki oraz proszę o wystawienie mi nowego biletu na kolejny lot, ponieważ spóźniłam się na samolot z winy linii lotniczych – postuluję łagodnie.

– Dzisiaj nie ma już lotu do Amritsaru – oznajmia młody człowiek.

– W takim razie poproszę o nocleg na koszt linii i o bilet na jutro. Chciałabym rozmawiać z pana przełożonym.

– Ooo! Ma'am, to jest baaardzo zajęty człowiek! Bardzo! Poszukam walizki, a jak znajdę, najlepiej, żeby pojechała pani na dworzec autobusowy. Do Amritsaru jeżdżą klimatyzowane volvo!

Zaczynam czarować gościa najładniejszym uśmiechem, na jaki mnie stać po dobie spędzonej w podróży, prosząc raz jeszcze i jeszcze raz o spotkanie z jego przełożonym. Po tej próbie sił, zupełnie nie wiadomo dlaczego akurat teraz, sikh kapituluje. Dzwoni, dokąd trzeba, i od tej chwili wydarzenia nieoczekiwanie przyspieszają.

Po minucie pojawia się drugi sikh, starszy, ale również uśmiechnięty od ucha do ucha, i stwierdza, że oczywiście, moja walizka już jedzie, bilet na jutro się drukuje, a oto vouchery do hotelu i na taksówkę. Mam wrażenie, że brałam udział w jakiejś przekomicznej grze towarzyskiej. Młody sikh macha do mnie wesoło. Rozstajemy się w przyjaźni.

Do wyjścia z lotniska zmierzam w asyście kolejnych dwóch wąsatych antyterrorystów, z których jeden po drodze oczywiście zagaduje: „numer Whatsapp, Viber, Skype, a może się spotkamy?". Ostatkiem sił reaguję jeszcze jednym uśmiechem. Już w progu kolejny wąsacz zachodzi mi drogę – każe mi się wpisać do wielkiej czarnej księgi i zaświadczyć, że o tej i tej godzinie opuściłam wraz ze swoim bagażem port lotniczy imienia Indiry Gandhi w mieście Delhi. Hindusi, moim zdaniem słusznie, nie do końca ufają zapisom cyfrowym i równolegle do wszelkich rejestrów prowadzonych komputerowo na każdym kroku podstawiają pod nos podróżujących zapełnione drobnym maczkiem księgi wszelkich wejść, wyjść i meldunków. Wpisywanie się do nich i podawanie danych z adresem w kraju, z adresem w Indiach oraz z numerem paszportu i adresem e-mail włącznie trwa w nieskończoność i wprowadza wiele osób z zachodniego kręgu kulturowego w stan nerwowości. Hindusi znoszą to ze stoickim spokojem, pewni swego i nieustępliwi w swej biurokratycznej stanowczości. Wiedzą, co robią! Jestem przekonana, że jeszcze wyjdą na swoje, kiedy jakaś niezapowiedziana burza na Słońcu lub inne tego typu zdarzenie spowoduje wykasowanie wszystkich zapisów cyfrowych na planecie Ziemia. Wtedy okaże się, kto był mądry i wszystko zapisywał na najcierpliwszym z nośników, jakim do dziś i na wieki pozostaje papier. Ale to uwaga na marginesie.

Tymczasem szczęśliwie docieram taksówką do niemiłosiernie zapuszczonego hotelu. W holu przychodzi mi czekać kolejną godzinę, aż przykurzony recepcjonista zakończy jakąś niezwykle żywiołową dyskusję telefoniczną i zechce zwrócić swe przepastne oczy na moją skromną osobę. Jeszcze tylko ksero paszportu i wizy, wpis do księgi, a jakże, i nareszcie mogę się udać do mojego wybitnie obskurnego pokoju, w którym absolutnie wszystko się klei od brudu.

Zasypiam z uśmiechem, otulona własnym śpiworem. Wiem, że nazajutrz znajdę się w Amritsarze, w przecudownym domu zamieszkanym przez rodzinę kolejnych w tej opowieści sikhów, u których pokój do wynajęcia znalazłam w jednym z serwisów internetowych. Jeżeli to tylko możliwe, zawsze wybieram opcję *homestay**, by poznać miejscowe obyczaje i z bliska zobaczyć życie rodzinne.

Zanim tam jednak docieram, czeka mnie jeszcze rajd przez rozpalone do białości miasto w towarzystwie młodego taksiarza o wyżelowanych włosach, nieustannie prowadzącego rozmowy i odpisującego na esemesy na trzech smartfonach równocześnie. Wreszcie, po wielu kolejnych uśmiechach i żartach na migi, udaje mi się go przekonać, aby pozwolił mi wykorzystać jeden ze swoich superprzyrządów łącznościowych jako GPS. Przejmuję dowodzenie i po chwili jesteśmy na miejscu.

Rodzina przyjmuje mnie niczym dawno niewidzianą krewną, pokój jest piękny, a na stole czeka jedzenie. Czuję się tak, jakbym wróciła do domu. Gospodarz jest muzykiem, przepięknie śpiewa i gra na kilku instrumentach. Wieczorem idziemy razem zwiedzać złotą świątynię, która jest jednym z najbardziej magicznych

---

* *Homestay* (ang.) – 'kwatera prywatna'.

miejsc kultu na świecie. Spotykamy dalszą rodzinę i przyjaciół gospodarzy, każdy pyta, jak mi minęła podróż i co może dla mnie zrobić. Dzieciaki głaszczą moje jasne włosy, sięgając rączkami pod chustę, którą obowiązkowo mam na głowie. Czuję się otoczona ciepłem i światłem.

Kolejna podróż okazała się warta uśmiechów.

Porady praktyczne

Kilka zasad bezpiecznego podróżowania w pojedynkę:

- Wykonaj szczepienia ochronne rekomendowane dla danego miejsca na świecie.
- Ubezpiecz się, wydrukuj polisę i wyślij jej kopię komuś bliskiemu.
- Włącz usługę lokalizacji w swoim telefonie i na kolejnych etapach podróży melduj się na Facebooku lub w innym medium społecznościowym.
- Weź w podróż stary, prosty telefon komórkowy bez SIM-locka (ale z ładowarką!). Na miejscu kup kartę SIM i uruchom go. Sprawdź lokalne telefony alarmowe i wyślij swój lokalny numer bliskim w kraju. Zawsze noś telefon przy sobie, w oddzielnej kieszeni.
- Po przyjeździe do hotelu zapisz w telefonie numer do recepcji.
- Wychodząc z hotelu, weź z recepcji jego wizytówkę z adresem i mapką. Recepcjoniście podaj przewidywaną godzinę swojego powrotu.
- Podziel pieniądze przeznaczone na podróż na trzy części: gotówkę (dolary lub euro w średnich nominałach) i dwie karty przedpłacone lub kredytowe.
- Nigdy nie noś obu kart razem w portfelu, trzymaj każdą w innym miejscu.
- Zawsze korzystaj z hotelowego sejfu i zostawiaj w nim paszport. Przy sobie noś tylko kserokopię pierwszej strony dokumentu oraz wizy pobytowej.

- Do wypłacania gotówki wybieraj bankomaty przy ruchliwych, dobrze oświetlonych ulicach.
- Pieniądze wymieniaj w bankach i autoryzowanych kantorach.
- Uważnie patrz na ręce obsłudze kantorów. Stary, sprawdzony numer to dyskretne zrzucenie części banknotów na podłogę przy drugim lub trzecim przeliczaniu. Jeżeli przyłapiesz delikwenta na oszustwie, nie czekaj – zrób głośną aferę, tak by słyszało cię jak najwięcej osób. Często wypowiadaj przy tym słowo „police" :).
- Rezerwując hotel w obcym mieście, sprawdź, czy oferuje on możliwość wysłania po ciebie samochodu na lotnisko. Potwierdź mailowo datę i godzinę swojego przybycia, dołączając w mailu bilet lotniczy.
- Na dobę przed wylotem ponownie wyślij mail przypominający o twoim przybyciu.
- Korzystaj z taksówek przedpłaconych na lotnisku.
- Nigdy nie wsiadaj do prywatnego auta, którego kierowca proponuje ci podwózkę z lotniska.
- Na pytanie, czy podróżujesz samotnie, nigdy nie odpowiadaj twierdząco. Mów, że jesteś tu z rodziną i przyjaciółmi. Daj wyraźnie do zrozumienia, że ktoś na ciebie czeka w hotelu i będzie alarmował, jeżeli się nie pojawisz.
- Jeżeli musisz dotrzeć do miejsca zamieszkania pieszo, po ciemku, poczekaj, aż ulicą będzie szła para lub grupa turystów, i dołącz do nich. Nie wstydź się prosić o pomoc.
- W krajach, w których kobiety szczelnie zasłaniają ciało, dostosuj się do obowiązującego obyczaju. Podróż to nie czas na manifestowanie przywiązania do europejskiej mody. Długie przewiewne spodnie i lekka koszula z długim rękawem oraz szal lub czapka z daszkiem na głowie doskonale ochronią cię przed upałem i słońcem. Nie musisz paradować wśród szczelnie zasłoniętych miejscowych kobiet w szortach i topie na ramiączkach.

- Nie noś ostentacyjnej, kosztownej biżuterii ani drogiej, markowej torebki.
- Nie opowiadaj zbyt wiele o sobie przypadkowo spotkanym współpodróżnym. Słuchaj, rozglądaj się, obserwuj.
- Nigdy nie spaceruj samotnie po plaży po zmroku.
- Nie zapuszczaj się w ciemne uliczki i bramy, chyba że jesteś mistrzynią sztuk walki albo masz na podoręciu broń.
- W nocy wracaj do hotelu taksówką lub rikszą.
- W pociągach i dalekobieżnych autobusach nie częstuj się domowymi wypiekami i kanapkami, nawet jeśli proponuje ci je urocza starsza pani. Stary złodziejski sposób na turystkę to podanie jej w ciasteczku narkotyków lub leków nasennych i bezproblemowe obrobienie jej torebki, kiedy już zaśnie.
- Nigdy nie upijaj się z obcymi i nie przyjmuj drinków od nieznajomych.
- Nie trać z oczu swojej szklanki lub otwartej butelki z napojem.
- Nie daj się namówić na wspólne wycieczki i nocne spacery z obcymi ani na palenie trawki czy testowanie innych miejscowych narkotyków.
- Nie wdawaj się w wakacyjne romanse na jedną noc i nie zapraszaj obcych do swojego pokoju. Jeśli już (czego nie popieram) zdarzy ci się w ten sposób zaszaleć, **przenigdy** nie uprawiaj seksu bez zabezpieczenia.
- Szukaj towarzystwa sympatycznych i doświadczonych ludzi z plecakami – to z nimi pokonuj kolejne etapy podróży.
- Pij tylko filtrowaną lub butelkowaną wodę.
- Unikaj kostek lodu i surowych warzyw mytych w wodzie z kranu.
- Wybieraj potrawy po obróbce termicznej.
- Używaj płynu odstraszającego owady. Na rynku jest wiele silnie toksycznych, chemicznych produktów, takich jak Off czy supermocna Mugga, jednak najlepiej zacząć od wody z olejkiem z citronelli. Nie ma sensu walić z armaty do... komara właśnie.

- Jeżeli na miejscu są insekty, śpij pod moskitierą.
- W podróż zapakuj cienki śpiwór, na wypadek gdyby przyszło ci spać w niezbyt czystym łóżku.
- Dużo się uśmiechaj, zaskarbiaj sobie przyjaźń ludzi spotkanych na miejscu. Daj się polubić.
- Nie bój się, ale zawsze miej oczy i uszy otwarte.

Plan podróży

1. Określ swój cel i miejsce podróży.
- Jeżeli masz wątpliwości, jakie miejsca chcesz odwiedzić i jak ułożyć plan podróży, szukaj inspiracji na portalach, blogach i forach podróżniczych, w przewodnikach i na spotkaniach, tak zwanych slajdowiskach, z tymi, którzy zwiedzili interesujący cię region. Kalendarium takich spotkań znajdziesz na www.imprezypodroznicze.pl
- Czytaj, czytaj i jeszcze raz czytaj: przewodniki, biografie sławnych ludzi związanych z danym miejscem, reportaże, powieści, książki historyczne na temat interesujących cię miejsc.
- Oglądaj filmy dokumentalne. Zainteresuj się, czy ambasada bądź konsulat danego kraju nie organizuje ciekawych odczytów, festiwali i spotkań, a jeśli tak – koniecznie skorzystaj z oferty.
- Odwiedź restaurację serwującą jedzenie z interesującego cię miejsca, prowadzoną przez pochodzących stamtąd ludzi, i podpytaj o obyczaje kulinarne oraz o podstawowe składniki i potrawy. Im sprawisz przyjemność, a sobie oszczędzisz sytuacji, w której siadasz przed kartą dań i głupiejesz, ponieważ nie masz pojęcia, co się kryje za tajemniczymi nazwami.
- Poszukaj stowarzyszeń obcokrajowców pochodzących z kraju, do którego się wybierasz. Może się okazać, że trafisz na ciekawą organizowaną przez nich imprezę.
- Napisz w mediach społecznościowych post z prośbą o kontakt ze strony osób, które były w danym kraju czy mieście.

Poproś o ciekawe namiary, przestrogi i obserwacje, jednak pamiętaj, że każdy ma własną percepcję różnych miejsc i zdarzeń. Nie chodzi tu o porady w stylu: „Jedź, tam jest super!" albo „Nie jedź, jest okropnie!". Nie ma na świecie miejsca, które nie jest warte zobaczenia. Zbierasz „intel", a nie szukasz „dobrych" rad.

2. Termin

Spokojnie pomyśl nad terminem. Zaplanuj podróż z możliwie największym wyprzedzeniem, wpisz ją do swojego kalendarza i pamiętaj o niej za każdym razem, kiedy zapragniesz wydać pieniądze na kolejną szmatkę z sieciówki. Ziarnko do ziarnka – podróżnicza miarka! Kto podróżuje, ten nie chodzi na rozrywkowy shopping. Planowanie jest ogromnie ważne, zwłaszcza kiedy brak ci doświadczenia w tym zakresie. O spontaniczne wypady w dalekie strony mogą się pokusić osoby nie tylko bardzo obyte, ale też dysponujące odpowiednim wyposażeniem podróżniczym, którego zgromadzenie zajmuje sporo czasu i pochłania fundusze, osoby zaszczepione i umiejące reagować na bieżąco na nieprzewidziane sytuacje. Pamiętaj, że poza sezonem łatwiej znajdziesz tanie bilety i noclegi, a i podróżowanie przynosi wtedy najwięcej frajdy. Sprawdź, kiedy przypada szczyt sezonu w danym rejonie świata, i celuj w jego końcówkę lub dni tuż przed nią.

3. Bilety

- Korzystaj z wyszukiwarek połączeń. Dwie najlepsze: www.skyscanner.pl i www.momondo.pl
- Korzystaj z serwisów zajmujących się szukaniem promocji, na przykład www.fly4free.pl i www.tanie-loty.com.pl
- Zapisz się na newsletter w kilku wiodących liniach lotniczych oferujących połączenia w miejsce, które cię interesuje. W niektórych wyszukiwarkach istnieje opcja „alert

cenowy" – wpisujesz daty planowanego wylotu i powrotu plus minus trzy dni i dostajesz powiadomienia o promocjach. Jeżeli nie czujesz się dość kompetentnie w szukaniu połączeń na własną rękę, zleć to agencji – co prawda pobierze niewielką opłatę, ale za to dostarczy ci gotowy pakiet biletów. Zawsze sprawdzaj, czy bilet podlega zwrotowi bądź przebukowaniu i na jakich warunkach. Zastanów się dwa razy, zanim podejmiesz decyzję o zakupie najtańszej opcji, która nie zakłada zmian ani zwrotów. Życie bywa nieprzewidywalne. Sprawdź, ile kilogramów bagażu ci przysługuje, a także ile wynosi opłata za nadbagaż. Przed wylotem odpraw się online najwcześniej, jak to możliwe (informacje na ten temat znajdziesz na stronie odpraw przewoźnika), wybierz miejsce (najlepsze na długich lotach jest to przy przejściu) i rodzaj posiłku (wegetariański, koszerny, hallal, mięsny).
– Wydrukuj wszystkie swoje bilety. Bądź na lotnisku minimum dwie godziny przed odlotem.

4. Zbieranie mil

Pamiętaj o zbieraniu mil! Dzięki nim w kolejne miejsce swoich marzeń możesz polecieć za grosze. Latanie nie jest jedynym sposobem na zbieranie mil! Można je też zbierać, płacąc odpowiednią kartą kredytową, rezerwując noclegi i wynajmując samochód w wybranych portalach. Również niektóre banki przy wydawaniu kart kredytowych oferują bonusowe punkty.

    Lotniczych programów lojalnościowych jest bardzo wiele. Jeśli mieszkasz w Polsce, największy sens ma zapisanie się do Miles&More. Jest to program lojalnościowy linii lotniczych skupionych w Star Alliance. Należą do niego między innymi LOT, Lufthansa, Swiss, Singapore Airlines, Turkish Airlines, Thai Airlines i wiele innych. Zasady są proste – zbierasz mile, a potem wymieniasz je na darmowe loty. Zbieranie mil jest ważne szczególnie przy lotach międzykontynentalnych.

Jak to zrobić?
- Zarejestruj się w programie na www.miles-and-more.com
- Zapisz się do biuletynu informacyjnego – nie tylko będziesz dostawać informacje z promocjami dotyczącymi zbierania mil, samo zapisanie się do biuletynu daje ci pierwsze pięćset mil!
- Zamów kartę kredytową mBanku. To w Polsce jedyny bank, który współpracuje z Miles&More. Dzięki karcie będziesz regularnie powiększać liczbę swoich mil. Mile na powitanie i mile za płacenie kartą. Opłaca się.
- Program Payback – tu również dzięki specjalnej karcie, którą okazujesz, robiąc zakupy u partnerów programu, dostajesz mile za zdobyte punkty.
- I jeszcze coś! Pisząc recenzje hotelu, w którym byłaś, na www.holidaycheck.pl, dostajesz sto mil. Pisz! :)

5. Formalności i bezpieczeństwo
- Zaszczep się zgodnie z zaleceniami dla danego regionu. Wybierz się do lekarza i pogadaj o szczepieniach lub wejdź na www.medycynatropikalna.pl – to obszerne źródło informacji dotyczące działań profilaktycznych przed wyjazdem oraz w trakcie pobytu, ze szczegółowym opisem każdego kraju. Zajmują się tym sanepid oraz wyspecjalizowane przychodnie podróżnicze przy szpitalach zakaźnych. Pamiętaj, że należy się do tego zabrać z wyprzedzeniem przewidującym czas nabywania odporności. Wybierając się na nurkowanie, trekking w wysokich górach bądź planując wyczerpujące marsze w upale, koniecznie skonsultuj się z lekarzem i sprawdź, czy twoja wydolność i ogólny stan zdrowia na to pozwalają. Planując wysiłek, zacznij od wysiłku. Ćwicz, biegaj, zdrowo się odżywiaj, zrzuć zbędne kilogramy, słowem: przygotuj organizm do podróży, aby służył ci, jak należy, i nie robił numerów. Każda daleka podróż to dla naszego ciała poważny szok: zmiana czasu, często klimatu, żywności, flory bakteryjnej, a do tego pozytywny, ale jednak

stres. Jeżeli chcesz podróżować i nie chorować, buduj swoją odporność, siłę i wytrzymałość. Po przylocie zawsze daj sobie czas na aklimatyzację. Wyśpij się, pij dużo wody, unikaj alkoholu, jedz lekko, spaceruj, oswajaj się z nowym miejscem. Niektóre osoby długo i uciążliwie przechodzą zmianę czasu, czyli jet lag. Zdecydowanie odradzam wspomaganie się silnymi lekami nasennymi, które tylko odsuną problemy. Jeżeli lekarz nie widzi przeciwwskazań, weź na noc melatoninę. Pij jak najwięcej wody. I daj sobie czas.

- Wykup ubezpieczenie na cały okres pobytu. Jest niezbędne! Ubezpieczenie to coś, co może uratować ci skórę. Jakie wybrać? W zależności od długości i rodzaju wyjazdu należy wybrać odpowiednio rozbudowaną umowę. Zapisz numer alarmowy ubezpieczyciela w telefonie i notesie.
- Sprawdź, czy potrzebujesz wizy, i pamiętaj, że na jej wyrobienie potrzeba czasu, a większość krajów stawia wymaganie, aby paszport był ważny przez minimum pół roku jeszcze po planowanym powrocie do kraju. Upewnij się, jaką datę ważności ma twój paszport.
- Jeżeli w danym kraju dostępna jest tak zwana visa on arrival, czyli wiza po przylocie, sprawdź na stronach ambasady, jaki jest jej koszt (najczęściej w dolarach amerykańskich), i przygotuj równo odliczoną kwotę. Miej przy sobie dokładny adres hotelu lub miejsca, w którym się zatrzymasz na pierwszą noc. Będzie potrzebny przy wypełnianiu formularza wizowego. Dokładnie wypełnij formularz – jeżeli coś jest dla ciebie niezrozumiałe, nie wahaj się prosić o pomoc. Zabierz ze sobą kilka zdjęć paszportowych. Mogą się przydać przy wyrabianiu wizy, przy wyrabianiu pozwoleń na trekking lub nurkowanie i przy zakupie miejscowej karty telefonicznej z pakietem internetowym. Warto ją kupić i mieć zawsze własny dostęp do sieci.

6. Nocleg

Jeżdżąc poza sezonem, nie musisz się martwić o nocleg. Znajdziesz go na miejscu bez problemu i w niskich cenach. Warto jednak zapewnić sobie dobry start i porządną miejscówkę przynajmniej na pierwszą noc po przylocie. Ja korzystam z serwisów Booking, Agoda oraz Airbnb (wynajmiesz tu pokój lub mieszkanie bezpośrednio od właściciela). Czytaj opinie, kierując się zasadą „nie wszystko gwiazdka, co się świeci". Czasem pozornie dobry hotel może się okazać koszmarem, a pokój „u ludzi" – cudowną okazją do poznania fajnych osób i spędzenia czasu w autentycznym środowisku. Jeżeli szukasz noclegu na miejscu, oglądaj pokoje i zawsze odpowiadaj sobie na pytanie, czy naprawdę chcesz tu spać. Powtórzę: pieniądze, dokumenty i cenne rzeczy trzymaj w sejfie lub zamkniętej na szyfr walizce. Wychodząc, zawsze zamykaj okno i drzwi.

Pakowanie

Rejon gorący, tropiki, plaża, góry:
- dwa–trzy komplety szybkoschnącej bielizny sportowej,
- kostium kąpielowy,
- dwie–trzy pary dobrze dopasowanych, wysokiej jakości skarpetek nad kostkę (znajdziesz w sklepach podróżniczych),
- lekka chusta pareo z naturalnej tkaniny chłonącej wodę (można kupić na miejscu), będziesz jej używać do owijania się po wyjściu z wody i do leżenia na plaży,
- dwie–trzy szybkoschnące koszulki sportowe,
- dwie koszulki bawełniane – jedna z krótkim, jedna z długim rękawem,
- dwie koszule z długim rękawem,
- długie luźne i lekkie spodnie z naturalnej tkaniny,
- dżinsy lub bojówki z grubszej tkaniny,
- lekka długa sukienka z naturalnej tkaniny,
- cienki szal do okrycia ramion lub zawiązania na głowie,
- szorty (nie w każdym kraju wypada je nosić!),
- cienki śpiwór,
- mała poduszeczka odpowiedniej wysokości,
- moskitiera do zawieszania nad łóżkiem,
- wtyczka elektryczna ze środkiem do odstraszania komarów,
- ciepły lekki szal lub cienka kurtka puchowa (nie do przecenienia w samolocie i innych klimatyzowanych pomieszczeniach),
- kapelusz lub czapka z daszkiem,
- klapki lub sandały z szybkoschnącej pianki,

- rozchodzone buty sportowe lub górskie (jeżeli planujesz wycieczki w góry),
- cienka kurtka przeciwdeszczowa,
- okulary przeciwsłoneczne,
- składany parasol,
- bidon na wodę.

Rejon chłodny, trekking, góry, las. Noce w schronisku (niekoniecznie ogrzewanym):
- dwa-trzy komplety szybkoschnącej bielizny sportowej,
- dwie-trzy pary dobrze dopasowanych, ciepłych, wysokiej jakości skarpetek nad kostkę (znajdziesz w sklepach podróżniczych),
- dwie-trzy bluzki termiczne z długim rękawem z wełny merino lub z oddychającego syntetyku,
- dwie-trzy szybkoschnące koszulki sportowe,
- kalesony termiczne merino lub z syntetyku,
- bluza lub kamizelka z polaru,
- koszula flanelowa z długim rękawem,
- spodnie trekkingowe z oddychającej, nieprzemakalnej tkaniny,
- spodnie przeciwdeszczowe,
- lekka kurtka przeciwdeszczowa,
- kurtka z windstopperem,
- sweter puchowy,
- luźne spodnie piżamowe – do spania,
- luźny podkoszulek bawełniany z długim rękawem – do spania,
- śpiwór puchowy o grubości dostosowanej do przewidywanych temperatur,
- klapki szybkoschnące,
- rozchodzone buty górskie o jeden numer za duże,
- rozchodzone buty sportowe (gdyby coś nieprzewidzianego stało się z górskimi),
- kijki trekkingowe dostosowane do terenu i trudności marszu,

- lekkie raki, jeżeli istnieje ryzyko, że na szlaku będzie śnieg lub lód (można je wypożyczyć lub kupić w sklepach górskich i turystycznych),
- stuptuty, czyli ochraniacze przeciwśnieżne na nogi przeznaczone do poruszania się w trudnym terenie (do nabycia w sklepach górskich),
- oddychające wodoszczelne rękawiczki,
- plastry żelowe na odciski,
- wazelina lub krem do stóp,
- talk,
- batony energetyczne, skondensowane mleko w tubce, czekolada,
- bidon na wodę.

Uwaga: powyższa lista nie odnosi się do trekkingu ani tym bardziej do wspinaczki wysokogórskiej w temperaturach grubo poniżej zera. Nie nadaje się do zastosowania na wodzie, na pustyni ani w warunkach polarnych.

Zawsze w plecaku:
- składany nóż lub scyzoryk (pamiętaj, że nie możesz go przewozić w bagażu podręcznym!),
- mocna nić i igła,
- duct tape,
- latarka czołówka,
- powerbank,
- zapasowa ładowarka do telefonu,
- zapasowe okulary do czytania,
- mały, lekki plecaczek,
- torebka typu nerka lub torebka na długim pasku do noszenia na biodrze,
- mały ręcznik z mikrofibry (nie warto go kupować w sklepach turystycznych, lepiej w dziale gospodarstwa domowego,

gdzie – o wiele tańszy – występuje pod nazwą „ścierka z mikrofibry"),
- zatyczki do uszu (miej je przy sobie w samolocie!),
- maska na oczy do snu (ją też zabierz do samolotu).

Kosmetyczka:
- szczoteczka do zębów,
- nić dentystyczna,
- wykałaczki dentystyczne,
- obcinacz do paznokci,
- pilnik do paznokci,
- szczotka do paznokci z pumeksem,
- żel do dezynfekcji rąk,
- płyn do higieny intymnej (sprawdza się też jako płyn do twarzy i ciała, nie podrażnia i ma odpowiednie pH. Przelej go do mniejszej buteleczki, by nie obciążać bagażu),
- szampon i odżywka – w formie próbek lub przelane do małych buteleczek,
- suchy szampon w małym, podróżnym opakowaniu (wiadomo: tłusty włos – nasz wróg!),
- krem z filtrem odporny na pot i wodę (do kupienia w sklepach sportowych i turystycznych). Krem CC lub aplikator „z kolorem" do twarzy 50 SPF wyrówna koloryt, zastąpi makijaż, ochroni przed słońcem,
- puder brązujący i pędzel,
- krem nawilżający w tubce lub z pompką (opcja bardziej higieniczna niż słoiczek),
- sztyft do ust z filtrem,
- olejek – z jojoby, arganowy lub migdałowy do twarzy i ciała (stosuj na wilgotną skórę),
- waciki kosmetyczne,
- patyczki do uszu,
- golarka lub krem do depilacji (jeśli używasz),

- wodoodporny tusz do rzęs (żeby go zmyć, użyj olejku),
- olejek z citronelli przeciw komarom,
- preparat firmy Mugga przeciw komarom.

Apteczka:
- gaziki aseptyczne,
- octenisept, jodyna, woda utleniona w żelu lub inny środek dezynfekujący w małym opakowaniu,
- plastry zwykłe,
- plastry żelowe,
- dermatol (żółty proszek na otarcia),
- węgiel,
- nifuroksazyd (pełna kuracja),
- stoperan,
- smecta,
- aspiryna (jeżeli możesz ją brać),
- paracetamol,
- potas i magnez (w tropikach pocisz się bez przerwy, co czasem skutkuje nadmierną utratą elektrolitów i bolesnymi skurczami w nocy),
- pastylki na ból gardła,
- opakowanie sody oczyszczonej,
- lek antyhistaminowy,
- wapno,
- żel na ukąszenia owadów,
- wyciąg z czarnego orzecha (przeciwdziała zatruciom i zwalcza pasożyty, można go stosować profilaktycznie przez cały wyjazd),
- po konsultacji z lekarzem: preparat przeciwzakrzepowy w zastrzykach, melatonina (wspomagająco przy problemach ze snem wynikających ze zmiany czasu), malarone.

Zestaw (także zachowań) mądrej fotografki amatorki

To naturalne i oczywiste, że w podróży chcesz robić zdjęcia. Warto jednak przemyśleć swój stosunek do utrwalania wszystkiego, co znajdzie się w zasięgu twojego wzroku. Po pierwsze wielu psychologów przestrzega, że mózg ludzki, nie lubiąc nadmiernie i niepotrzebnie zużywać miejsca na swoim „twardym dysku", kiedy tylko połapie się, że istnieje inny nośnik pamięci, na przykład nasz ukochany smartfonik, kamerka GoPro* albo karta w lustrzance, natychmiast czuje się zwolniony z obowiązku kodowania szczegółów, barw, zapachów i nastroju miejsc, w których się znajdziemy. Jeżeli więc nie zależy ci na zachowaniu barwnych, żywych wspomnień z podróży, które przywołasz w szczegółach na stare lata, odpoczywając w bujanym fotelu po długim, pełnym wrażeń życiu, strzelaj foty, jak leci. Gwarantuję, że zanudzisz nimi rodzinę i znajomych, zawalisz pamięć komputera, zaś szanse na to, że będziesz je – w takiej ilości – oglądać z łezką w oku za pięćdziesiąt lat, są marne. Nie ma nic bardziej nudnego niż oglądanie fotek przedstawiających sarnę skrzętnie ukrytą pośród gałęzi czy też (z całym szacunkiem) twoją szanowną osobę upozowaną na tle pomnika, przy barierce, w turystycznych ciuchach i okularach słonecznych, zasłaniających pół twarzy. Już wolę zabawne selfie ze śmieszną miną. Albo sam pomnik.

Nie namawiam cię do całkowitego odpuszczenia sobie frajdy fotografowania i filmowania. Przeciwnie! Namawiam do zaopatrzenia się w porządny aparat cyfrowy i mądrego korzystania z niego. Warto zauważyć, że niektóre smartfony robią już tak doskonałe zdjęcia, że jeżeli nie zamierzasz rozwijać się artystycznie jako fotograf, a chcesz tylko udokumentować podróż, wcale nie musisz zabierać w drogę osobnego aparatu.

Fotografuj z głową, a przede wszystkim zadaj sobie pytanie: Czy dana sytuacja koniecznie wymaga zrobienia zdjęcia? A może jednak lepiej schować lub wyłączyć telefon i przeżyć daną chwilę,

---

* GoPro – wodoodporne.

wejść w nią, wsłuchać się w dźwięki, poczuć zapachy, zauważyć kolory, wczuć się w klimat i skupić na kontakcie z ludźmi? Ci, którzy będą oglądać bezmyślnie trzaskane zdjęcia w mediach społecznościowych, i tak nie poczują atmosfery miejsca i wzruszeń, które być może staną się twoim udziałem. Nie warto zachowywać się jak oszalały paparazzo. Za to bardzo warto rozejrzeć się i poprosić kogoś, by utrwalił na zdjęciu ciebie w danej sytuacji. Nie pozuj, po prostu bądź! A wrzucając zdjęcie na serwisy, takie jak Instagram albo Facebook, postaraj się od serca opisać miejsce, ludzi i emocje, które ci towarzyszyły. Pisz o swoich odczuciach, dorzuć jakąś ciekawostkę o danym miejscu, opisz kontekst, wrzuć historyczną anegdotę. Twoje wysiłki z pewnością zostaną docenione. I – jak to w Polsce – wyhejtowane przez zazdrośników i frustratów, co należy elegancko olać i wykasować, dając autorowi „bana na forever".

Wbrew przekonaniu niektórych białych turystów, miotających się po świecie ze smartfonami lub kamerami w garści, egzotyczne zakątki naszej pięknej planety nie są jednym wielkim ogrodem zoologicznym. Ludzie żyjący w uważanych za turystycznie atrakcyjne miejscach nie są zwierzętami w klatkach, wystawionymi na widok publiczny. Ich egzotyczne, malownicze „stylizacje" to nie kostiumy cyrkowców, tylko codzienne stroje. A fakt, że noszą na głowie wodę w dzbanach albo myją gołe dzieciaki przy publicznej studni, nie jest stworzoną pod publiczkę inscenizacją ani rekonstrukcją historyczną, lecz trudną, z mozołem przezwyciężaną codziennością. Malownicze staruszki i uroczliwi dziadziusiowie nie przysiadają na ławeczkach pod zakurzonymi mangowcami rozgrzanych miast, aby pozować do zdjęć turystom, tylko prowadzą prawdziwe pogaduszki i być może nie życzą sobie zbierać lajków albo hejtów na twoim profilu na Insta. **Chcę przez to powiedzieć rzecz oczywistą, która niestety nadal nie jest jasna dla wszystkich podróżujących: prawo do dysponowania swoim wizerunkiem i prawo do zachowania godności to podstawowe prawa człowieka. Robiąc zdjęcia** obcym ludziom, także dzieciom i osobom niepełnosprawnym, lub ludziom nieświadomym, że ich wizerunek jest utrwalany i rozpowszechniany, bez ich wyraźnej zgody – **ŁAMIESZ TE PRAWA**.

Chcesz zrobić zdjęcie? Poproś o zgodę. Niejednokrotnie spotkasz się z odmową, co jest rzeczą naturalną. Wtedy podziękuj, nie naciskaj i – to chyba jasne – nie rób zdjęć mimo wszystko, sądząc, że ujdzie ci to na sucho. Pamiętaj: karma wraca!

Jest to jedna z nielicznych sytuacji, w których z cierpliwej i sympatycznej przewodniczki grup, które regularnie zabieram w świat, zamieniam się w zasadniczą belferkę. Nie ma mojej zgody na traktowanie innych ludzi jak okazów w zoo. Jest to w moim odczuciu jeden z najbardziej obrzydliwych przejawów rasizmu.

Zakładam, że przywieziesz ze swoich wypraw piękne i etycznie wykonane zdjęcia. I tu rada, do której sama z trudem się stosuję, choć kiedy mi się to uda, zawsze jestem bardzo zadowolona: bezpośrednio po powrocie wybierz najlepsze zdjęcia i WYWOŁAJ JE na papierze. Stwórz album, opisz zdjęcia miejscem i datą. Oglądanie wywołanych zdjęć jest po stokroć przyjemniejsze niż siedzenie z komputerem na kolanach lub gapienie się w plazmę.

APLIKACJE, z których warto korzystać, wyruszając w świat:
- XE Currency – przyda ci się do szybkiego przeliczania walut;
- Google Translator – najlepszy dostępny i bezpłatny tłumacz;
- Google Maps – skorzystasz z niej, kiedy masz dostęp do internetu (dlatego warto zabrać drugą komórkę i kupić miejscową kartę z pakietem). Mapy i nawigacje to jedna z bardziej przydatnych pomocy, gdy jesteś w drodze. Czasem fajnie i romantycznie jest się zgubić, wiadomo, ale kiedy nie chcesz błądzić, nawigacja poprowadzi cię prosto do wyznaczonego miejsca. Wybrane obszary mapy można zapisać w trybie offline;
- mapy i nawigacja bez wi-fi – aplikacji z mapami offline jest kilka. Ja polecam dwie, moim zdaniem najlepsze, a do tego

Pakowanie

bezpłatne: Osmand Mapy i Nawigacja oraz Maps.me. Pobierasz na telefon mapę danego państwa czy miasta i możesz korzystać z niej bez dostępu do internetu;
- TripAdvisor – ogromna baza z recenzjami hoteli, restauracji, atrakcji turystycznych;
- Triposo – baza restauracji, atrakcji turystycznych, ale też propozycji i powiadomień o atrakcjach w pobliżu miejsca, w którym się znajdujemy. Mapy działają również offline;
- AroundMe – pokazuje nie tylko najbliższe hotele i restauracje czy bary, ale też banki, stacje benzynowe, szpitale, postoje taxi, kina, teatry i supermarkety;
- Couchsurfing – aplikacja do wyszukiwania darmowych noclegów na kanapie u miejscowych;
- Airbnb – wersja mobilna popularnej wyszukiwarki do wynajmowania pokoi lub całych mieszkań i domów od lokalnych gospodarzy;
- Agoda – przyda ci się do wyszukiwania i rezerwowania najtańszych i najlepszych hoteli na całym świecie. Uwaga: bardzo często ceny są tu dużo niższe niż na oficjalnej stronie hotelu;
- Skyscanner – mobilna wyszukiwarka tanich lotów;
- Uber – ściągnij ją i jedź. Wystarczy jedno kliknięcie, aplikacja znajduje twoją lokalizację, a kierowca natychmiast do ciebie zmierza. Płatność odbywa się bezgotówkowo;
- Sunrise and Sunset Calculator – podaje czas wschodu i zachodu słońca dla miejsca, w którym aktualnie jesteś;
- Night Sky – fajna zabawka, po nakierowaniu na gwiazdy rysuje gwiazdozbiory;
- Gasbuddy – aplikacja (zintegrowana z mapami) wyszukuje najtańszą benzynę w okolicy. Można zaoszczędzić sporo pieniędzy, jeśli na przykład wyrusza się w podróż po USA;
- Wikicamps – darmowe noclegi w Australii, Nowej Zelandii, USA i Wielkiej Brytanii.

A teraz kilka bardziej przyziemnych aplikacji, które warto mieć w swoim telefonie.
Jedziesz za granicę, chcesz się kontaktować z rodziną i znajomymi, a przy tym nie wydać fortuny na esemesy i połączenia? Zainstaluj w swoim telefonie jedną z poniższych aplikacji i dzwoń za darmo, kiedy tylko będziesz mieć dostęp do internetu.
- Skype – możesz z niego dzwonić do innych użytkowników Skype'a, ale też wykonywać połączenia telefoniczne. Istnieje możliwość rozmów wideo;
- WhatsApp – międzyplatformowa aplikacja mobilna pozwalająca na bezpłatną wymianę wiadomości, przesyłanie zdjęć, filmów i tworzenie grup między użytkownikami;
- Facebook Messenger – oficjalna aplikacja do obsługi komunikatora oferowanego przez największą sieć społecznościową;

Upewnij się, że ci, z którymi chcesz się kontaktować, też używają tych aplikacji!
- Instagram – załóż profil, wrzucaj zdjęcia i filmiki i dziel się nimi na bieżąco z rodziną i przyjaciółmi;

Jest wiele aplikacji pogodowych i każdy ma swoją ulubioną. Ja polecam WeatherPRO – jest bardzo precyzyjna, ale też szczegółowa – zawiera nawet informacje o plażach z temperaturą wody i indeksem UV czy informacje o pogodzie dla narciarzy.
- Wi-Fi Finder – odnajduje zarówno płatne, jak i bezpłatne hotspoty wi-fi;
- latarka – jeśli nie masz w swoim telefonie, ściągnij aplikację. Wierz mi, przyda ci się nie raz!

Kasa
Regularnie odkładaj pieniądze na podróż. Załóż subkonto podróżnicze i wpłacaj na nie nawet drobne kwoty. Rób to za każdym razem, kiedy z czegoś zrezygnujesz z myślą o wyjeździe. Pamiętaj, że durna bluzka z sieciówki to czasem nawet trzy

Pakowanie

noclegi w romantycznym miejscu na drugim końcu świata. Paczka papierosów to trzy posiłki w Azji! Oczywiście zdaję sobie sprawę, że dla wielu ciężko pracujących osób dalekie podróże nadal pozostają jedynie w sferze marzeń. Sam wydatek rzędu dwóch–trzech tysięcy złotych na daleki lot to często obciążenie nie do uniesienia dla domowego budżetu. Jest jednak spora grupa osób, które mylą się, sądząc, że nie stać ich na podróże. Wydają mnóstwo pieniędzy na duperele, używki i wizerunek. Zostawiają majątek u wszelkiej maści kosmetyczek, przedłużając rzęsy, doczepiając sztuczne paznokcie, tatuując brwi i depilując ciało. Zasilają konta lekarzy medycyny estetycznej, którzy wmawiają im, że bez kolejnej porcji wypełniacza w ustach czy policzkach będą nikim. Ryzykują życie na salach operacyjnych, powiększając bądź zmniejszając sobie różne części ciała. I tak dalej – aż do upojenia. Jeżeli taki jest twój wybór, dobrze ci z tym i wolisz mieć wielkie poliki i długaśne rzęsy oraz pazury zamiast doświadczeń życiowych i wielobarwnych wspomnień – nic mi do tego. Muszę jednak cię prosić, abyś nie jęczała, że zazdrościsz podróżującym koleżankom. Zdradzę ci sekret: ja też czasem lubię mieć „zrobione" paznokcie, włosy i oko, ale jeszcze bardziej lubię widok swoich mocnych, opalonych dłoni opartych o balustradę statku, kiedy wiatr hula w moich rozjaśnionych słońcem włosach, a błękit morza odbija się w moich tęczówkach.

Ćwiczenie

Usiądź z kartką i długopisem, odpal w komputerze historię swojego konta bankowego oraz przypisanych do niego kart. Nie oszukując się i niczego nie pomijając, spisz, ile wydajesz każdego miesiąca na pierdoły. A teraz przemnóż to przez dwanaście miesięcy. Tyle możesz oszczędzić na podróże przez rok. I jak?

Na czym oszczędzam? Po pierwsze na ciuchach. Kupuję tylko to, co jest mi naprawdę potrzebne, i szanuję to, co już mam. Nie świruję z markowymi torebkami i innymi cudami, które potrafią kosztować małą fortunę. Kupuję rzeczy trwałe i dobrej jakości, które „ładnie się zestarzeją". Manicure i pedicure robię sama, chyba że naprawdę muszę skorzystać z pomocy specjalistki. Nie kupuję drogich kosmetyków, ograniczam się do organicznych polskich marek. Unikam picia drogiej kawy i innych świństw na mieście. Nie kupuję wody mineralnej – filtruję lub przegotowuję kranówkę. Ograniczam jedzenie w restauracjach (w moim zawodzie nie jest to łatwe zadanie, ponieważ większość spotkań biznesowych odbywa się przy posiłkach, jednak staram się gotować w domu). Nie chodzę do klubów. Jeżdżę rowerem i metrem – samochodem tylko wtedy, kiedy naprawdę muszę. Nie urządzam sobie absurdalnie kosztownych wypadów z koleżankami na weekendy do SPA. Nie korzystam z wyciągów narciarskich w górach, wolę sama podejść na skiturach[*], co jest lepsze dla kondycji i nie generuje dodatkowych kosztów poza zakupem lub wynajęciem sprzętu. Za zajęcia jogi płacę tylko bardzo dobrym nauczycielom (najczęściej w Azji), dzięki którym mogę potem ćwiczyć poszczególne sekwencje w domu, sama, ale za to codziennie i bez opłat. Rzuciłam palenie, to znaczy nie kupuję papierosów, choć przyznaję, że zdarza mi się puścić dymka w towarzystwie. Utrzymuję moje ciało w dobrej kondycji

---

[*] Narty turowe (skiturowe) – łączą w sobie funkcjonalność nart zjazdowych oraz biegowych. Wykorzystuje się narty podobne do zjazdowych, odpowiednio dobrane do wagi narciarza, jego umiejętności i terenu. Do takich nart montuje się specjalne wiązania. Wiązania turowe umożliwiają sztywne zamocowanie pięty buta do narty lub uwolnienie pięty (but jest zamocowany do narty tylko w przedniej części). Możliwe jest też podparcie pięty na pewnej wysokości nad nartą (stosowane przy stromych podejściach). Niezbędną częścią ekwipunku są foki, czyli pasy specjalnej tkaniny (z moheru lub nylonu) o włosach układających się w jedną stronę, zapobiegające cofaniu się narty (dawniej stosowano pasy ze skór fok, stąd nazwa).

– ćwiczę, wysypiam się, dobrze się odżywiam, chodzę na masaże i dzięki temu (odpukać!) nie mam większych wydatków związanych ze zdrowiem. Raz na pół roku cytologia, USG piersi i badanie ogólne u ginekologa oraz internisty. Co jakiś czas morfologia. Wizyta u okulisty raz na rok. Zdrowie to najlepsza lokata kapitału! Z doświadczenia podróżniczego z grupami wnoszę, że niestety już po trzydziestce nasze ciała zaczynają niebezpiecznie niedomagać. Pokazuje to każda kolejna sesja jogi pod okiem kompetentnych nauczycieli. Na światło dzienne wychodzą zwyrodnienia, zadawnione kontuzje, permanentny stres, skutkujący usztywnieniem całego ciała, brak ruchomości stawów. A także brak rozciągnięcia i brak siły w mięśniach. Niestety dotyczy to także osób, które regularnie biegają i ćwiczą fitness. Jeżeli w wieku dojrzałym (nie mówimy tu nawet o starości!) wolisz wydawać pieniądze na lekarzy, leki i rehabilitację zamiast na zwiedzanie świata – proszę bardzo. Objadaj się mięsem i cukrem, pij jak najmniej wody, nie rozciągaj się, nie ćwicz, nie spaceruj, nie biegaj, nie medytuj, leż na kanapie, chodź na wysokich obcasach, żyj w permanentnym stresie, pal dużo fajek, pij codziennie alkohol, nie wysypiaj się, wściekaj i wkręcaj w konfliktowe sytuacje, nie uśmiechaj się, oceniaj i obgaduj innych. Staniesz się idealnym bankomatem dla firm farmaceutycznych i służby zdrowia. Wybór należy do ciebie. Ja wolę podróże.

Pamiętaj, żeby zabezpieczyć się przed sytuacją, w której zostaniesz bez gotówki. Bankomaty nie zawsze są w zasięgu ręki, a niekiedy jeden od drugiego jest oddalony nawet o kilkadziesiąt kilometrów. Musisz więc być zabezpieczona na kilka sposobów, również przed kradzieżą.

– Nie trzymaj pieniędzy na jednym koncie. Oszczędności trzymaj na koncie głównym i raz na jakiś czas rób z niego przelewy na konto bieżące. Dzięki temu w przypadku utraty karty twoje oszczędności będą bezpieczne.

- Warto mieć przy sobie zarówno kartę Visa, jak i MasterCard. W wielu miejscach tylko jedna z nich jest obsługiwana przez danego operatora kart płatniczych. Czasem taka sytuacja panuje w całym miasteczku.
- Rozważ założenie konta walutowego. Korzystanie za granicą z konta prowadzonego w złotówkach może być bardzo kosztowne – banki poza stałymi opłatami za prowadzenie konta naliczają opłaty za wypłaty z bankomatów i za płatności kartą za granicą. Do tego dochodzą koszty przewalutowania, które może być nawet podwójne. Konto walutowe możemy zasilać dzięki internetowym kantorom, mają one korzystniejsze kursy niż banki.
- Przygotuj odpowiednią ilość gotówki w walucie miejsca, do którego jedziesz. Oszacuj wcześniej, ile pieniędzy będzie ci potrzebne na bieżące wydatki, bo w wielu odległych zakątkach świata bankomat to utopia. Jeżeli nie jest to możliwe, wymień część pieniędzy na lotnisku lub wypłać tam z bankomatu. Nie opuszczaj lotniska bez gotówki w miejscowej walucie i pamiętaj, że na każdym kroku należy zapłacić niewielki napiwek.
- Zawsze miej przy sobie dolary. W małych nominałach! *I need a dolar, dolar, dolar is all i need!* Nie raz uratuje ci życie!
- Trzymaj gotówkę i karty w kilku miejscach.
- Jeżeli zgubisz kartę kredytową lub zostanie ona skradziona – nie czekaj, blokuj!

Zakupy
Przed wyjazdem dowiedz się, co warto przywieźć z danego kraju. Pamiętaj, że pamiątki typu „durnostojki" szybko tracą swój urok i w domu głównie się kurzą. Szkoda na nie pieniędzy i miejsca w walizce. Lepiej kupić jedną, dwie naprawdę jakościowe, piękne rzeczy niż naręcze szmat fatalnej jakości i torbę duperli, których przeznaczenia po powrocie nawet nie będziesz

pamiętać. Zależnie od miejsca może to być piękna lokalna biżuteria w bardzo dobrych cenach czy etniczne tkaniny, takie jak gobeliny i szale. Oryginalne elementy stroju, zmiksowane z tym, co nosisz na co dzień, będą stanowiły ciekawy dodatek. Nie skupiaj się tylko na sklepach w turystycznych dzielnicach i unikaj straganów z badziewiem made in China. Poproś, by pokierowano cię na miejscowy targ, przejdź się po nim, sprawdź, co do ciebie „woła", i przystąp do działania. Jeżeli nie widzisz stałych cen, targuj się, ale rób to z wdziękiem! Żartuj ze sprzedawcą, dużo się uśmiechaj, nie bądź arogancka ani agresywna. W wielu sklepach w Azji, Afryce i Ameryce Południowej nie od razu otrzymasz odpowiedź na pytanie o cenę. Nie przejmuj się! Wybierz, co ci się podoba, przyjmij kawę lub słodką herbatę, rozsiądź się wygodnie i dopiero wtedy zacznij negocjacje. Im więcej kupisz rzeczy, tym lepsza będzie cena. Dyskutuj, odkładaj na bok to, co uważasz za zbyt drogie, nie obrażaj się, nie strzelaj focha. Pozwól sprzedawcy poopowiadać o towarze, zachwycaj się razem z nim, pytaj o szczegóły pochodzenia i produkcji – po prostu nawiąż relację. Unikaj negocjowania w obecności widowni w postaci koleżanek lub innych kupujących. Sprzedawca nie będzie chciał przy nich zdradzić, jak bardzo opuszcza dla ciebie cenę. Możesz się spodziewać wielu przeliczeń i obliczeń na kalkulatorze. Znieś to z uśmiechem i podawaj swoją cenę. Uczciwi, szanujący się sprzedawcy na ogół opuszczają od trzydziestu do pięćdziesięciu procent. Istnieją jednak wyjątki – są nimi rzeczy rzadkie i cenne. Jeżeli nie masz pewności co do autentyczności kosztownego cacka, odpuść. Uważaj też, czy nie kupujesz czegoś, czego sprzedaż jest nielegalna. Do takich rzeczy należą na przykład niektóre rodzaje kaszmiru czy kość słoniowa. Nie kupuj podróbek markowych rzeczy! Wyjątek stanowią tu ubrania i sprzęt w rejonach górskich. W Nepalu znajdziesz kurtki puchowe z nadrukami „North Face" czy „Victoria's Secret" i trapery marki Calvin Klein. Przy czym ich jakość jest raczej fatalna. Poratują cię prawdopodobnie podczas jednorazowego wypadu w góry. Jeśli od razu się nie rozlecą i zdradzają szansę na użytkowanie jeszcze przez jakiś czas, możesz śmiało przekazać je komuś potrzebującemu na miejscu. Zostaną przyjęte z wdzięcznością.

Przewodniki

LONELY PLANET

Zdania co do nich są podzielone, ale ja uważam, że jest to prawdopodobnie najlepszy przewodnik na świecie. Zwłaszcza jeśli wybierasz się w samotną podróż i tym, czego potrzebujesz, nie są kolorowe zdjęcia i niekończące się opisy, a rzetelne i zwięzłe informacje: co, gdzie i jak. To przewodnik dla tych, którzy podróż organizują na własną rękę.

Do nabycia zarówno w wersji papierowej, jak i elektronicznej.

Minus: większość wydań jest drukowana wyłącznie w języku angielskim. Jeżeli jednak zależy ci na dobrym przewodniku i choć odrobinkę znasz angielski, wyciągniesz potrzebne ci informacje. Możesz też wrzucić do programu tłumaczącego wersję elektroniczną.

Polecam forum podróżnicze na stronie wydawcy: www.lonelyplanet.com!

FOOTPRINT

Format podobny do Lonely Planet i równie świetny przewodnik. Bogaty w rzetelne informacje, ma dużo ciekawych i praktycznych uwag. Podaje różne propozycje i rozwiązania każdemu, kto lubi niezależne podróże. Bardzo dobrze się sprawdza, a w porównaniu z Lonely Planet, w mojej ocenie, ma obszerniejszą listę noclegową – od najtańszych hosteli po wyśmienite hotele pięciogwiazdkowe.

ROUGH GUIDE

To po Lonely Planet drugie najbardziej uznane na świecie wydawnictwo specjalizujące się w przewodnikach. Zawiera mnóstwo

przestróg, porad, wskazówek oraz informacji o hotelach i restauracjach dla osób podróżujących zarówno w niskim, jak i wysokim budżecie. Podobnie jak dwa wyżej wymienione przewodniki Rough Guide jest dla tych, którzy zamiast kolorowych zdjęć oczekują rzetelnej wiedzy i wskazówek, które pomogą im zwiedzać świat na własną rękę. Jego przewaga nad Lonely Planet to dużo staranniej wykonane mapy i fakt, że polecane miejsca nie są tak oblegane przez turystów jak te wymieniane w LP.

PRZEWODNIKI WYDAWNICTWA BEZDROŻA
To jedna z lepszych pozycji, jeśli chodzi o polskie przewodniki. Zawierają dużo informacji praktycznych i wskazówek dla osób podróżujących samodzielnie.

Szukaj informacji w INTERNECIE. Przewodniki przewodnikami, ale wciąż najwięcej aktualnych danych – często dużo dokładniejszych – znajdziesz w sieci. Polecam kilka blogów, inspirujących i mądrych, na których opisywane są podróże i tysiące kilometrów przemierzonych przez kobiety, które w podróż wyruszyły same i które do dziś odkrywają kolejne miejsca i o nich opowiadają:
- www.whereisjuli.com
- www.pojechana.pl
- www.katarzynatolwinska.com

Fora podróżnicze, wiedza użytkowników + slajdowiska:
- www.imprezypodroznicze.pl – znajdziesz tu kalendarium spotkań, na których podróżnicy opowiadają o podróżach w różne zakątki świata.

Bilet dookoła świata
Podróż dookoła świata jeszcze nigdy nie była tak prosta do zrealizowania. Linie lotnicze dają możliwość kupienia łączonego biletu w różne zakątki globu i warto z tego korzystać. Jeżeli potrzebujesz

pomocy, można ułożyć sobie wymarzoną trasę dzięki profesjonalnemu planerowi. Ja polecam dwa: Oneworld oraz Star Alliance.

Bilety można oczywiście kupić w tanich liniach i dowolnie je konfigurować, ale bilet łączony pozwoli nam na zwiedzenie trzy razy większej ilości miejsc, niż moglibyśmy odwiedzić przy pojedynczych podróżach. Bilet dookoła świata ograniczają pewne zasady, ale daje on wiele możliwości i pozwala zmniejszyć koszty lotów nawet o trzydzieści procent.

Czym jest bilet dookoła świata?
Bilet dookoła świata (round-the-world ticket, RTW) działa dzięki współpracy linii lotniczych, które łączą się w stowarzyszenia. Dwa największe to wspomniane Star Alliance (do którego należą między innymi LOT i Lufthansa) i Oneworld (między innymi American Airlines, British Airways czy Qantas). Obydwa stowarzyszenia oferują bilety RTW oparte na podobnych warunkach.

Jak działa bilet dookoła świata?
Pierwsza z zasad nałożona jest na sojusze przez Air Transport Association (IATA). Według niej w bilecie dookoła świata nie może się znajdować więcej niż szesnaście segmentów (lotów). Kolejne reguły stowarzyszenia wprowadziły same. Oto najważniejsze z nich:
- Bilet jest ważny dwanaście miesięcy. Podróż może trwać krócej, nawet jeden miesiąc, wszystko zależy od trasy, jaką ułożymy, i budżetu, jakim dysponujemy, ale nie może trwać dłużej niż rok.
- W ciągu dwunastu miesięcy trzeba wrócić do kraju, w którym rozpoczęliśmy podróż. Zaczynamy więc i kończymy ją w tym samym miejscu.
- Cała podróż musi się odbywać w jednym kierunku. Lecimy albo na wschód, albo na zachód, ale nie kręcimy się w tę i z powrotem.
- W ramach biletu nie można wracać na poprzedni kontynent (czasem, choć też nie zawsze, można się cofać w obrębie

danego kraju) – generalnie należy poruszać się naprzód. Pacyfik czy Ocean Atlantycki możemy przekroczyć tylko raz.
– Całą trasę musimy ułożyć jeszcze przed wylotem. Jest to więc opcja dla tych bardziej zorganizowanych. Wybieramy miasta i daty (niektóre linie pozwalają zostawić daty otwarte). Należy pamiętać, że za ewentualne zmiany portów trzeba dopłacać i że liczba miejsc w taryfie RTW jest ograniczona.

Jak ułożyć trasę dookoła świata?
Wielkim plusem biletów RTW jest olbrzymia siatka połączeń na całym świecie. Zarówno Oneworld, jak i Star Alliance mają na swoich stronach wygodne narzędzia do planowania podróży i wirtualne mapy, na których możemy układać trasę.

Jak kupić bilet dookoła świata?
Bilet RTW można zarezerwować online, korzystając z wirtualnych planerów. Można też skontaktować się z przedstawicielem dowolnych linii lotniczych należących do jednego z sojuszy. Pracownicy LOT-u mogą pomóc nam zorganizować podróż z biletem Star Alliance, a agenci British Airways z biletem na przykład Oneworld.

O czym trzeba pamiętać?
O zasadach nałożonych na nas przez sojusze. O zgłaszaniu przewoźnikowi każdej zmiany, którą chcielibyśmy wprowadzić. Dotyczy to szczególnie omijania jakiegoś lotu. Niezgłoszenie tego może się skończyć skasowaniem całego naszego biletu (działa to podobnie jak w przypadku lotów z przesiadkami). Pamiętaj też, by przed wyruszeniem w podróż zapisać się do programu zliczania mil! Taka podróż dookoła świata może ci ich przynieść bardzo wiele![*]

---

[*] Przygotowując część poradnika poświęconą biletowi dookoła świata, korzystałam z doświadczeń opisanych przez autorkę bloga www.whereisjuli.com, który gorąco polecam!

Blogi podróżnicze, które mogą cię zainspirować:
Where is Juli + Sam (www.whereisjuli.com)
Kilka lat temu Julia wyjechała w samotną podróż dookoła świata. Rzuciła pracę w telewizji, spakowała plecak (pierwszy raz w życiu!) i wyruszyła na sześć miesięcy. Dlaczego? Bo chciała coś przeżyć, zobaczyć świat, ale przede wszystkim doświadczyć siebie; poznać i zgłębić nie tylko odległe zakątki globu, ale i swoje granice. Przekroczyć je i zobaczyć, ile może zdziałać w pojedynkę. W swej podróży dotarła do Australii, a tam poznała Sama – swoją wielką miłość.

Bloga zaczęła pisać w drodze. Szybko jednak okazało się, że okrążanie ziemi to dopiero początek. Julia stała się nałogową podróżniczką, a podróże zaczęła dzielić z Samem – Australijczykiem polskiego pochodzenia. Na blogu Julia nie tylko opisuje i radzi, jak się przygotować do samotnej podróży dookoła świata, ale też podpowiada, jak zdobywać świat w życiu, w którym podróż goni podróż. Koniecznie przeczytajcie, jeśli jeszcze wahacie się, czy i jak udać się w podróż marzeń, ale też jeśli po prostu potrzebujecie kobiecego wsparcia.

Julia nigdy nie wróciła z podróży. Zamieszkała na stałe w Brisbane, w Australii. Dzisiaj jej blog jest nie tylko opisem kolejnych podróży, ale też skarbnicą wiedzy o Australii i życiu po drugiej stronie kuli ziemskiej. Jeśli więc wyruszasz w tamtym kierunku, nie znajdziesz lepszego przewodnika.

Pojechana (www.pojechana.pl)
Pojechana.pl to blog, na który warto wejść choćby po to, by zapewnić sobie mocny zastrzyk dobrej energii i pozytywnego myślenia o świecie i podróżach. Aleksandra Świstow zaczęła pisać w sieci mniej więcej sześć lat temu i początkowo był to pamiętnik z wyprawy do Tajlandii. Potem wyruszyła do Chin, gdzie spędziła dwa i pół roku, więc pisała dalej. Po powrocie do Europy osiedliła się we Francji, gdzie znalazła miłość. Ale i tak niemal na okrągło

Pakowanie

jest w podróży, odnajdując w niej sens i radość życia. Dzisiaj jej blog to źródło inspiracji i cennych informacji z różnych części świata. Przeczytacie tu o najciekawszych miejscach w Azji, Europie i Ameryce Południowej, o codziennym życiu Oli w Chinach, o trekkingowych wyprawach i o górach całego świata. Warto! Pojechana kocha swoje życie i gdziekolwiek ją ono zaniesie, pisze o tym. A pisze lekko, przyjemnie i energetyzująco! Dzięki jej blogowi można też posmakować egzotycznej kuchni oraz sięgnąć po inspirującą literaturę i filmy podróżnicze.

The Adamant Wanderer (www.adamantwanderer.com)
Blog szczególny, ponieważ jego autorka – Ula Fiedorowicz – ma zaledwie dwadzieścia osiem lat, a odwiedziła już sześćdziesiąt państw i mieszkała w różnych częściach świata, polując na tanie bilety i goniąc swoje marzenia. Obecnie Ula mieszka w Austrii, bo tam zaprowadziła ją droga z Meksyku do Gwatemali. Jak? Takie właśnie bywają podróże! Zaskakujące. Z Austrii wyrusza w kolejne wyprawy. Sprzedaje nam patenty na miejsca, które odkryła, a do tego robi piękne, klimatyczne i apetyczne zdjęcia!

Sama o sobie pisze, że jej życie jest podporządkowane podróżowaniu. Ula kocha nie tylko podróże, ale też dobre jedzenie i surfing, więc nieraz będziesz podążać śladami smaków, które odkrywała w podróży. Jej subiektywne opisy to przewodniki nie tylko po miastach, ale też po knajpach, knajpeczkach i restauracjach. Jeśli więc jedziesz w podróż i chcesz trafić w smakowite miejsca, zajrzyj!

Na zakończenie

Ta książka początkowo miała nosić tytuł *Serce i plecak*. Tuż przed jej wysłaniem do wydawnictwa zmieniłam jednak zdanie. Zaczynałam ją pisać, nie podejrzewając, że wkrótce będę musiała pożegnać mojego Tatę. Kiedy odszedł, zdałam sobie sprawę, że pośród wielu mądrych, błyskotliwych rad, które do mnie skierował na przestrzeni mojego życia, najważniejsza – i wspomniana już – brzmiała: „Nie bój się zawracać!". Wtedy chodziło o kwestię pozostania na stałe w Paryżu. Spędziłam tam kilka lat, miałam dom, męża i pracę, ale nie czułam się szczęśliwa. Ojciec zauważył, że borykam się z poczuciem porażki i wstydu, i pomógł mi podjąć decyzję – wówczas najlepszą. To dzięki jego słowom wróciłam do Polski, do Kościeliska, z którego zaczęłam wypuszczać się samotnie coraz dalej i dalej, aż okazało się, że wędrówka jest moją naturalną formą spełnienia.

Pisząc o podróżach, tych życiowych, symbolicznych i tych geograficznych, nie mogę pominąć tamtych słów Taty. Czasami bowiem zdarza się nam udać w niewłaściwym albo nieciekawym dla nas kierunku. Niekiedy ruszamy w drogę w nieodpowiednim towarzystwie, tracimy zapał, podupadamy na zdrowiu albo chwilowo opuszcza nas poczucie sensu. Wtedy warto powiedzieć sobie, że przecież zawsze można zawrócić. Błędy, głupie pomysły i ślepe uliczki są integralną częścią życia. Zawsze możesz wyruszyć jeszcze raz. Odkąd realizuję i pokazuję w mediach społecznościowych projekt podróżniczy #miejscemocy, polegający na tym, że zabieram niewielkie grupy kobiet do Azji, by ćwiczyć jogę, odpoczywać i robić porządki we własnym wnętrzu, nieustannie czytam wiadomości i komentarze zaczynające się od słów: „Zazdroszczę pani!". Na zdjęciach widać bowiem, że przebywam w wielu pięknych, egzotycznych miejscach z bardzo fajnymi, ciekawymi ludźmi, jestem uśmiechnięta, zrelaksowana, szczupła (joga i roślinna dieta robią swoje), a do tego noszę kolorowe ciuchy i ogólnie sprawiam wrażenie osoby pozbawionej wszelkich trosk.

Chcę napisać o tym czego nie widać na zdjęciach. Ani moich, ani żadnej innej osoby, która stworzyła sobie życie poza utartym szlakiem, poza schematem. Nie obawiajcie się jednak, nie czeka was litania wyssanych z palca problemów ani motywacyjne smrody z cyklu: „Mam, co mam, bo zap...dalałam". Chociaż zap...dalałam, nie da się ukryć.

Chcę opowiedzieć o tym, czego się nie ma, kiedy się ma to, co mam ja. Tak na wypadek, gdyby kogoś podkusiło pójść w moje ślady, sprzedać chałupę, auto oraz resztę gratów i ruszyć w świat.

Zacznijmy od tego, że nie ma się stałego zatrudnienia, a więc regularnego dochodu. Trzeba nieustannie, każdego dnia wymyślać siebie i swój biznes na nowo. Ja ciągle szukam nowych miejsc, w które mogę zabierać kolejne grupy. Oglądam, wypytuję, zwiedzam, robię notatki, negocjuję ceny. A i tak, pracując z ludźmi, nigdy nie ma się pewności, że trafi się w ich gust. Pisząc książki i felietony, nigdy nie ma się pewności, czy nie dopadnie człeka kryzys twórczy lub syndrom migającego kursora, gdy w głowie pusto. Słowem: na takie beztroskie życie trzeba mieć mocne nerwy! Nie ma się też poczucia bezpieczeństwa materialnego, które, choć złudne jak wszystko na tym świecie, jednak człowieka stabilizuje. Nie ma się stałego miejsca zamieszkania. Nawet jeśli ma się gdzieś stały adres, życie na walizkach przez większą część roku sprawia, że człowiek staje się „wykorzeniony" i już nigdzie nie jest do końca „u siebie", zarazem będąc „u siebie" wszędzie. A skoro tak, to nie ma się bardzo wielu codziennych punktów zaczepienia, małych rytuałów, swojskiej rutyny. Nie ma się własnego auta

ani – co jest akurat bardzo miłe – wydatków na auto:). Nie ma się wielu wygód, które człowiek Zachodu uważa za absolutne minimum. Na przykład często nie ma się ciepłej wody. Gdy nie jestem z grupami w ośrodkach i hotelach, na ogół mieszkam przy rodzinach, często w bardzo skromnych warunkach. Po prostu lubię autentyczność i domowe jedzenie. Nie ma się zrobionych paznokci i ładnie (czyli równo) pofarbowanych włosów. Nie ma się wielu ciuchów, butów na obcasach ani torebek. Liczy się to, co praktyczne i co szybko schnie. Nie ma się zbyt wielu oszczędności, bo wszystko idzie na poznawanie nowych miejsc i naukę (w moim przypadku chodzi o doskonalenie się w jodze, co traktuję jako inwestycję). To wszystko jednak pikuś, najważniejsze bowiem jest to, że nie ma się przy sobie swoich bliskich. **Aby żyć w podróży, trzeba być osobą niezależną emocjonalnie.** Chyba że wędrujemy z kimś ukochanym, co jednak nie jest w stanie zastąpić wszystkich przyjaciół i rodziny.

Jeśli nadal mi zazdrościsz, musisz też wiedzieć, że na życie, które dziś prowadzę, pracowałam wiele lat. Długo się uczyłam niezależności, odporności i ufności w swoje siły. Na zdjęciach nie widać lat życiowych prób, niezliczonych błędów, upadków twarzą w błoto i pracy nad sobą. Bez tego wszystkiego nie byłabym tu, gdzie jestem. A jestem w miejscu, w którym nie mam żadnych wątpliwości, że prowadzę takie życie, jakie właśnie teraz chcę prowadzić.

Kościelisko–Warszawa–Sasino (Polska)–Hikkaduwa i Boossa (Sri Lanka)–Cherai, Dharamsala, Kochi (Indie)–Ubud, Candidasa (Bali)–Pokhara (Nepal)
2015–2018

Notatki

Notatki

Notatki

Notatki

Notatki

Notatki

Notatki

Notatki

Notatki

Notatki

Notatki

Notatki

Notatki

Spis treści

Szczęście jest decyzją	7
Mango	9
Wędrujące drzewo	21
Anarchustka, czyli jak się spakować, żeby nie żałować	47
Katedra w Kolonii	63
Buty z błota	75
Inna, czyli ja	95
Baba w babie	113
Strach się bać!	131
Dolina dobrej samotności	143
Ja w kwestii czarów, czyli nic nie dzieje się przypadkiem	157
Plan podróży	199
Pakowanie	207
Na zakończenie	233
Notatki	237

POLECAMY

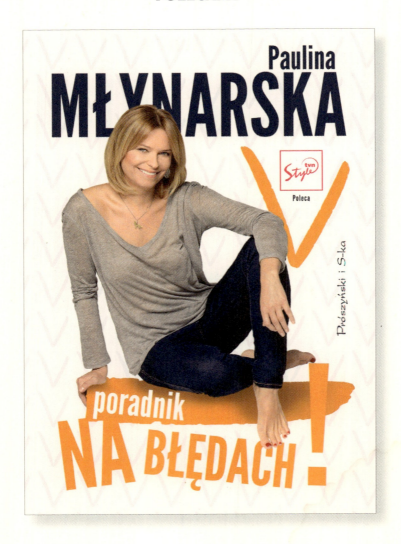

POLECAMY

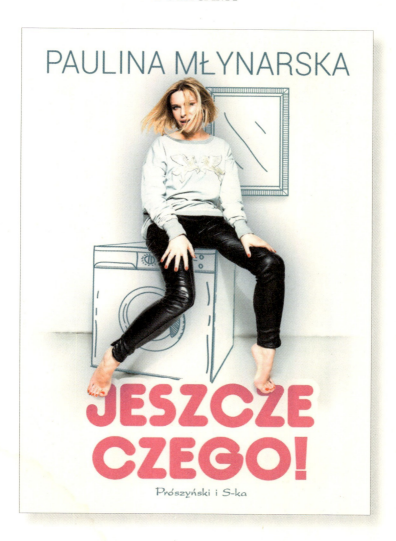

POLECAMY

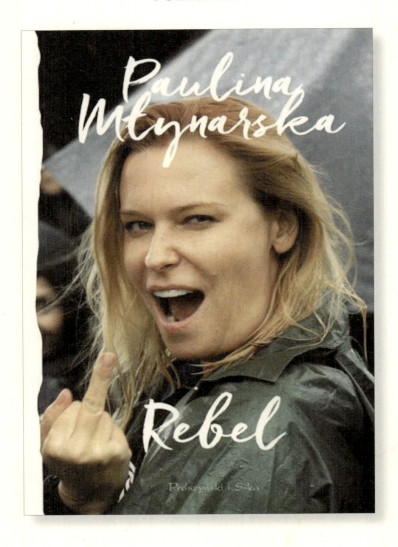